Lernsituationen für das Lernfeld

Sachgüter und Dienstleistungen beschaffen und Verträge schließen

Arbeitsbuch mit Lernarrangement für
die Kompetenz Beschaffungsprozesse
zu planen, steuern und durchzuführen

Lehrerhandbuch

1. Auflage 2016
Copyright © 2016

by Sol-Verlag GmbH, Düsseldorf
www.sol-verlag.de

Text: Brämer/Aubertin
ISBN 978-3-942264-**64-8** (Bestellnummer 648)

Druck: Caritas Werkstätten, St. Anna, 56766 Ulmen

L1

Einstieg in die Lernsituationen

Die Lernsituationen beginnen jeweils mit einem **Arbeitsplan** mit den zu erreichenden Kompetenzen, Inhalten, Methoden/Lernstrategien und einem ungefähren Zeitansatz.

Das **Warm-up** dient als vorbereitende Organisationshilfe für selbstorganisierte Lernprozesse. Der Lernende soll den Lernstoff im Kontext sehen und neue Informationen in sein bestehendes Wissen integrieren. Er erhält schnell einen Überblick, welches Vorwissen er aktivieren muss, um den Lernstoff möglichst effizient zu bearbeiten. Die Leitfragen zum Einstieg dienen zur Lernanbahnung. Mithilfe von Brainstorming, Kartenabfrage oder Klassengesprächen können die Lernenden ihr Vorwissen und ihre Erwartungen zur Lernsituation äußern.

Beim Warm-up kann nichts Falsches von den Lernenden genannt werden. Gegebenenfalls werden die Lernenden darauf hingewiesen, dass sie ihre Antworten in ganzen Sätzen formulieren sollen. So legen Sie einen Grundstein für die Förderung der Kommunikationskompetenz. Genauso ist bei der Kartenabfrage zu beachten, dass die Lernenden die Medienkarten anpinnen, sich zur Klasse wenden und in einem vollständigen Satz einen Kommentar dazu abgeben.

Beim Beschriften der Medienkarten sollen die Schüler Schlagwörter notieren, die Medienkarten in Druckschrift, und zwar mit Groß- und Kleinbuchstaben, beschriften und ausreichend groß schreiben (ca. 5 cm). Die Medienkärtchen sollten thematisch sortiert werden (clustern). Gleiche Schlagwörter werden nicht verworfen, sondern übereinandergepinnt, um jeden Beitrag zu honorieren.

Bei einem Klassengespräch gibt es verschiedene Vorgehensweisen: Die Lernenden können zum Beispiel aufgefordert werden, aus den Fragewörtern oder ihren eigenen Erfahrungen einen zusammenhängenden Beitrag zu formulieren, oder durch Zuwurf eines Balls können sich die Lernenden spontan zu den Begriffen äußern.

Mögliche Schülerlösungen

In diesem Heft sind mögliche Schülerergebnisse mit gekennzeichnet.

Reflexion des Lernzuwachses

Jede Lernsituation schließt mit einer Reflexion ab. Die Schüler reflektieren ihren Lernfortschritt und motivieren sich wieder mit dem neuerworbenen Lernzuwachs. Durch die Wiederholung der Fachkompetenz und des Bewusstwerdens des zurückliegenden Lernprozesses der einzelnen Lernaufgaben festigt sich intensiv das Gelernte. Außerdem stecken die Lernenden sich neue Ziele, um ihr persönliches Weiterkommen zu erreichen.

Nach jeder Lernsituation werden die Lernenden in einer separaten Lernaufgabe aufgefordert, mithilfe des Arbeitsplanes der jeweiligen Lernsituation den Lernzuwachs zu reflektieren.

Nach der ersten Reflexion ist es sinnvoll und hilfreich für die Schüler, ein oder mehrere gut gelungene Ergebnisse mit Einverständnis des jeweiligen Schülers vorlesen zu lassen. Somit erhalten die Mitschüler Anregungen für ihre nächste Reflexion.

Lernfeld : Sachgüter und Dienstleistungen beschaffen und Verträge schließen

1 Lernsituation: Ware nach ökonomischen und ökologischen Gesichtspunkten beschaffen

L1

In der zwölften Lernsituation setzen sich die Lernenden mit dem Thema Beschaffung (Einkauf) auseinander. Neben den relevanten Inhalten, wie der Bedarfsplanung, dem Zusammenhang zwischen Bestell- und Lagerhaltungskosten, der Bezugsquellenermittlung usw., wird den Lernenden anhand dieser Lernsituation bewusst, dass ein Unternehmen stets verschiedene Aspekte und Interessengemeinschaften berücksichtigen muss. Diese stehen, wie beispielsweise das ökonomische und ökologische Prinzip, in einem Spannungsverhältnis zueinander. Wieso dies der Fall ist, können Sie im Rahmen des Warm-up thematisieren.

Warm-up durchführen

Die abgebildeten Fotos zeigen zum einen ökologische, zum anderen ökonomische Themen. Nach Betrachtung dienen diese als Ansatzpunkt, um mit den Lernenden in ein Gespräch über Ökonomie bzw. Ökologie einzusteigen. Während ökonomische Themen in Bezug zu den bereits erlernten Wirtschaftsprinzipien gesetzt werden können, sind ökologische Prinzipien den Lernenden eventuell aus Vorgaben ihres Ausbildungsbetriebes, wie die Verwendung von Recyclingpapier, Thermostate an den Heizkörpern, Wassersparvorrichtungen in der Küche, Mülltrennung usw., bekannt. Die in Lernfeld 1 erarbeiteten Unternehmensziele können abschließend herangezogen werden, um das Spannungsverhältnis im eigenen Ausbildungsbetrieb zu thematisieren. Bei diesen Überlegungen unterstützt die Schüler die Frage: „Wieso entsteht ein Spannungsverhältnis zwischen Ökonomie und Ökologie?"

1.1 Lernaufgabe

Bei der Büromöbel Hauser & Schulte GmbH kümmert sich die Abteilung Beschaffung um den Einkauf aller hausintern benötigten Güter und um jene, die zur Produktion benötigt werden. Um welche Güter es sich dabei handelt, lässt sich von den Lernenden erfragen. Diese Antwortsammlung kann als Grundlage für die zu bearbeitenden Beschaffungsobjekte dienen, ebenso lässt sich aufgrund des Warm-ups die zu berücksichtigende Ökonomie und Ökologie thematisieren. Dabei hilft die Leitfrage:

Welche Prinzipien berücksichtigen Sie beim Einkauf der verschiedenen Beschaffungsobjekte?

1. und 2. Arbeitsschritt

In Einzelarbeit informieren sich die Lernenden über die Beschaffungsobjekte sowie über das ökonomische und ökologische Prinzip. Mithilfe der neuen Fachbegriffe erstellen die Lernenden ein Glossar. Dieses wird in den nachstehenden Lernaufgaben weitergeführt, sodass letztlich eine Art „Nachschlagewerk" über die verwendeten Fachbegriffe entsteht.

Fachbegriff	Erläuterung
Aufgabe der Beschaffungs-planung	Unternehmen langfristig mit den benötigten Beschaffungsobjekten versorgen
Beschaffungsobjekte	Objekte, die ein Unternehmen benötigt, um Güter herzustellen. Sowohl betriebswirtschaftliche Produktionsfaktoren als auch weitere Beschaffungsobjekte
Betriebswirtschaftliche Produktionsfaktoren	Güter und Dienstleistungen, die zur Leistungserstellung notwendig sind und eingesetzt werden müssen. Sie bestehen aus: Arbeit, Betriebsmitteln, Werkstoffen.
Arbeit	Alle von Menschen in einem Unternehmen erbrachte Leistung. Jede Arbeit enthält geistige und körperliche Anteile in unterschiedlicher Gewichtung.
Exekutive (ausführende) Arbeit	Ist unmittelbar an der Gütererstellung beteiligt.

Dispositive (leitende) Arbeit	Ihre Aufgabe ist die Kombination der Produktionsfaktoren, sodass eine Leistungserstellung möglich ist. Beispiele: Geschäftsleitung, Abteilungsleitung
Betriebsmittel	Güter, die zur Leistungserstellung genutzt werden, jedoch nicht in das produzierte Gut eingehen. Schaffen die technische Voraussetzung. Beispiele: Grundstücke, Gebäude, Maschinen, Betriebs- und Geschäftsausstattung usw.
Werkstoffe	Roh-, Hilfs-, Betriebsstoffe, Fertig- und Halbfertigerzeugnisse, die in das produzierte Gut eingehen oder zur Nutzung der Betriebsmittel eingesetzt werden müssen.
Rohstoffe	Hauptprodukt (Hauptbestandteil) des produzierten Gutes. Beispiele: Holz für einen Schreibtisch, Mehl für einen Kuchen
Hilfsstoffe	Nebenbestandteil des zu fertigenden Gutes. Ohne Hilfsstoffe ist eine Produktion nicht möglich. Beispiele: Leim, Schrauben
Betriebsstoffe	Gehen nicht in das zu fertigende Gut ein, werden aber zur Produktion benötigt. Beispiele: Öl, Strom
Fertig- und Halbfertigerzeugnisse	Gehen unverändert in das zu fertigende Gut ein. Beispiele: Scharnier, Schloss, Griff
Weitere Beschaffungsobjekte	Handelswaren, Dienstleistungen, Finanzmittel, Informationen
Handelsware	Fertige Güter, die ein Unternehmen unverändert in sein Sortiment aufnimmt und weiterveräußert. Beispiele: Papierkörbe, Tischleuchten
Disponent	Mitarbeiter in der Abteilung Beschaffung, auch Einkäufer genannt
Bedürfnis	Wunsch
Wirtschaften	Planvolles Handeln, welches sich für eine Unternehmung auf die tatsächlich ablaufenden Prozesse, wie Einkauf, Fertigung und Verkauf bezieht. Wird auch als ökonomisches Prinzip bezeichnet.
Ökonomisches Prinzip	Planvolles Handeln. Zu unterscheiden ist das Maximal- vom Minimalprinzip.
Maximalprinzip	Mit einem bestimmten, d. h. gegebenen Mitteleinsatz soll ein größtmögliches (maximales) Ergebnis erzielt werden.
Minimalprinzip	Mit möglichst wenig (minimalen) Mitteln soll ein bestimmtes, d. h. gegebenes Ziel erreicht werden.
Ökologie	Beziehung des Menschen zur Umwelt
Ökologisches Prinzip	Fordert, dass bei allen wirtschaftlichen Handlungen die Umweltbelastung minimiert wird.

3. bis 5. Arbeitsschritt

Zunächst vergleichen die Lernenden ihre Glossare, korrigieren und ergänzen gegebenenfalls. Danach gehen sie arbeitsteilig vor, da ein Partner ein Strukturbild über die verschiedenen Beschaffungsobjekte erstellt, während sein Partner das Spannungsverhältnis zwischen ökonomischem und ökologischem Prinzip grafisch darstellt. Im fünften Arbeitsschritt stellen sich die Partner ihre Arbeitsergebnisse gegenseitig vor und beantworten fachliche Fragen korrekt.

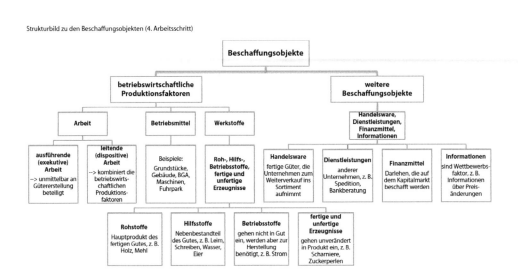

Strukturbild zu den Beschaffungsobjekten (4. Arbeitsschritt)

© Sol-Verlag GmbH

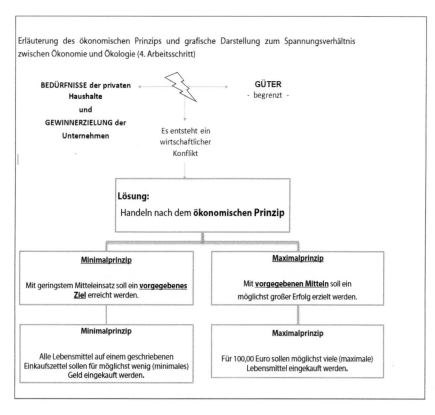

Erläuterung des ökonomischen Prinzips und grafische Darstellung zum Spannungsverhältnis zwischen Ökonomie und Ökologie (4. Arbeitsschritt)

BEDÜRFNISSE der privaten Haushalte und GEWINNERZIELUNG der Unternehmen ⟷ GÜTER - begrenzt -

Es entsteht ein wirtschaftlicher Konflikt

Lösung: Handeln nach dem **ökonomischen Prinzip**

Minimalprinzip	Maximalprinzip
Mit geringstem Mitteleinsatz soll ein **vorgegebenes Ziel** erreicht werden.	Mit **vorgegebenen Mitteln** soll ein möglichst großer Erfolg erzielt werden.
Minimalprinzip	Maximalprinzip
Alle Lebensmittel auf einem geschriebenen Einkaufszettel sollen für möglichst wenig (minimales) Geld eingekauft werden.	Für 100,00 Euro sollen möglichst viele (maximale) Lebensmittel eingekauft werden.

6. bis 8. Arbeitsschritt

Jedes Tandem sucht sich ein Partnertandem. Gegenseitig stellen sich die Lernenden ihre Arbeitsergebnisse vor und einigen sich auf eine gemeinsame aussagekräftige und richtige Darstellung, die sie optisch so aufbereiten, dass sie im folgenden „Museumsrundgang" ausgestellt werden können. Für den Museumsrundgang stellt jede Gruppe zwei Mitglieder ab, die dem Plenum zur Verfügung stehen, die anderen beiden besuchen den Rundgang. Die Rollen werden getauscht.

9. bis 12. Arbeitsschritt

Alle Lernenden besuchen den Rundgang. Offene Fragen werden gestellt und beantwortet. Nachdem alle Fragen, eventuell gemeinsam, geklärt werden konnten, reflektiert das Plenum die gezeigten Handlungsprodukte. Sowohl für die Beschaffungsobjekte als auch das Spannungsverhältnis einigt sich das Plenum auf eine geeignete Lösung. Diese überträgt jeder Lernende in seine Unterlagen.

1.2 Lernaufgabe

Welche Menge eines Gutes zu beschaffen ist, ist von verschiedenen Faktoren wie dem Preis, den Bestellkosten, Rabattmöglichkeiten, der Lieferzeit, Lagermöglichkeiten usw. abhängig. Für die Lernenden stehen die Zeit- und Mengenplanung sowie der Zusammenhang zwischen Bestell- und Lagerhaltungskosten im Vordergrund. Alle Themen werden in der nächsten Lernaufgabe thematisiert, die über die Leitfrage eingeleitet wird.

Wie ermitteln Sie den Bedarf an betriebsnotwendigen Gütern?

1. bis 7. Arbeitsschritt

Die Lernenden schließen sich zu Tandems zusammen. Die Texterarbeitung erfolgt jedoch in Einzelarbeit. Zunächst lesen die Lernenden das Manual zur Zeitplanung. Sie erklären sich die neuen Begriffe und ergänzen ihr eigenes Manual.

L1

Danach erarbeiten sie gemeinsam zwei unterschiedliche grafische Darstellungen. Eine zeigt das Bestellpunktverfahren, die andere das Bestellrhythmusverfahren. Die Grafiken ergänzen die Lernenden durch Erklärungen, sodass sie auch in einigen Wochen die Darstellungen verstehen. Im nächsten Arbeitsschritt wird der Text zu Bestell- und Lagerhaltungskosten gelesen, offene Fragen beantwortet und die individuellen Glossare ergänzt. Um den Zusammenhang der Bestell- und Lagerhaltungskosten darzustellen, einigen sich die Partner auf eine Form des Tafelbildes und erstellen dieses gemeinsam.

Grafische Darstellung des Bestellpunkt- und Bestellrhythmusverfahrens (4. Arbeitsschritt)

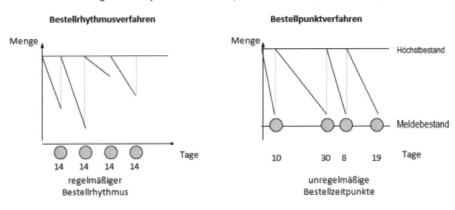

Tafelbild über den Zusammenhang der Bestell- und Lagerhaltungskosten (7. Arbeitsschritt)

Fachbegriff	Erläuterung
Bestellzeit innerhalb des eigenen Unternehmens	Zeit, die die Bedarfsmeldung vom Lager oder der Fertigung bis zur Beschaffungsabteilung benötigt. Dabei zu berücksichtigen ist die Zeit für das Einholen von Angeboten, deren Auswertung bis zur Bestellung.
Bearbeitungszeit beim Lieferer	Zeitspanne vom Eingang der Bestellung bis zum Versand
Just-in-time-Lieferung	Anlieferung der Beschaffungsobjekte „gerade zur rechten Zeit", d. h. immer dann, wenn sie benötigt werden. Im Lager gibt es dann nur kleine Sicherheitspuffer.
Bestellpunktverfahren	Bestellung erfolgt immer dann, wenn im Lager ein bestimmter Bestand eines Beschaffungsobjektes erreicht wird. Der Zeitpunkt der Bestellung kann unregelmäßig sein, da immer bei Erreichen des Meldebestandes bestellt wird. Die Höhe dieses Meldebestandes wird vom Unternehmen festgelegt. Darin ist ein Mindestbestand berücksichtigt, zudem wird der Materialbedarf der Produktion, aber auch eine Sicherheitsreserve berücksichtigt, wenn ein erhöhter Materialbedarf oder Lieferengpässe bestehen.

Bestellrhythmusverfahren	Umgekehrt zum Bestellpunktverfahren. Die Bestellzeitpunkte werden festgelegt, sodass sich ein bestimmter Bestellrhythmus entwickelt, wie wöchentlich, monatlich, jährlich, … Während die Bestellzeitpunkte regelmäßig sind, variieren die Bestellmengen. Die Bestellmenge hängt vom Lagerbestand sowie der Lieferfrist ab. Das Lager wird immer bis an seine Kapazitätsgrenze aufgefüllt.
Bestellkosten	Kosten, die zur Materialbeschaffung anfallen. Bestellkosten fallen zusätzlich zum Einkaufspreis an. Je mehr Bestellungen, desto größer ist die Summe der Bestellkosten.
Lagerrisiko	Risiko bei Verlust oder Verderben der Ware

8. bis 11. Arbeitsschritt

In Zweier-Tandems tauschen sich die Lernenden über ihre Arbeitsergebnisse aus. Dabei übernimmt jeder Partner eine Darstellung. Rückfragen beantworten sich die Lernenden eigenständig. Gemeinsam einigen sich die Tandems auf je eine Darstellungsalternative, die sie dem Plenum vorstellen möchten. Die Präsentation bereiten sie so vor, dass jeder beteiligt ist. Nach der Präsentation stehen die Lernenden für konstruktives Feedback und Fragen zur Verfügung. Nach Abschluss der Präsentationsrunde einigt sich das Plenum auf maximal zwei aussagekräftige Darstellungen zur Zeitplanung und maximal zwei für den Zusammenhang zwischen Bestell- und Lagerhaltungskosten, die in den individuellen Unterlagen festgehalten werden.

12. bis 18. Arbeitsschritt

Die Lernenden informieren sich über die Mengenplanung und machen sich die Vorgehensweise zur Berechnung der optimalen Bestellmenge anhand der gezeigten Tabelle, klar. Jeder überträgt die abgebildete Tabelle in seine Unterlagen. Die gemachten Angaben werden entsprechend ergänzt.

Handschriftliche Tabelle zur Ermittlung der optimalen Bestellmenge (14. Arbeitsschritt) einschließlich der ergänzenden Formelberechnung

- Jahresbedarf: 2000 Stück
- Lagerhaltungskostensatz: 4 %
- Bestellkosten pro Bestellung: 10,00 €/Bestellung
- Preis pro Stück: 3,00 €/Stück

Bestellmenge [Stück]	Bestellhäufigkeit	Durchschnittlicher Lagerbestand [Stück]	Lagerhaltungskosten	Bestellkosten [Euro]	Gesamtkosten [Euro]
	Jahresbedarf Bestellmenge	Bestellmenge 2	Durchschnittlicher Lagerbestand * Preis pro Stück * Lagerhaltungskostensatz/100	Bestellkosten pro Bestellung * Bestellhäufigkeit	Lagerhaltungskosten + Bestellkosten
2000	1,00	1000	120,00	10,00	130,00
1800	1,11	900	108,00	11,10	119,10
1600	1,25	800	96,00	12,50	108,50
1400	1,43	700	84,00	14,30	98,30
1200	1,67	600	72,00	16,70	88,70
1000	2,00	500	60,00	20,00	80,00
800	2,50	400	48,00	25,00	73,00
600	3,33	300	36,00	33,30	69,30
400	5,00	200	24,00	50,00	74,00
200	10,00	100	12,00	100,00	112,00

Die Gesamtkosten sind bei einer Bestellmenge von 600 Stück pro Bestellung und einer daraus abzuleitenden Bestellhäufigkeit von 3 Bestellungen pro Jahr am geringsten.

Zur Vertiefung:

Es ist auch möglich, die optimale Bestellmenge mit der Bestellmengenformel zu berechnen. Die Vorgehensweise ist wie folgt:

$$\text{Optimale Bestellmenge} = \sqrt{\frac{200 * \text{Jahresbedarf} * \text{Bestellkosten pro Bestellung}}{\text{Preis pro Stück} * \text{Lagerhaltungskostensatz}}}$$

eingesetzt bedeutet dies:

$$\sqrt{\frac{200 * 2000 * 10}{3 * 4}} = 577,35$$

Die Berechnung mithilfe der Formel ist, wie dargestellt, präziser.

L1

Mithilfe der gezeigten Berechnungen im Allgemeinen vervollständigen die Lernenden die Tabelle und ermitteln so die optimale Bestellmenge. Das Ergebnis der optimalen Bestellmenge ist zu begründen. Die optimale Bestellmenge ist stets die Menge, bei der die Summe aus Bestell- und Lagerhaltungskosten am geringsten ist. Das Tandem bereitet sich auf eine Präsentation vor, wobei ein Partner im Wesentlichen die allgemeinen Rechenwege, der andere das konkrete Ergebnis erläutert. Die Lernenden stellen Frau Laux, vertreten durch die Lehrperson, und den Mitschülern ihr Ergebnis vor. Bei unterschiedlichen Bestellmengen im Plenum ist zu korrigieren und auf eine korrekte Begründung zu achten.

19. bis 24. Arbeitsschritt

Jeder Lernende hält die korrekte Tabelle mit der optimalen Bestellmenge einschließlich Begründung in seinen Unterlagen fest. Die handschriftliche Tabelle dient als Ausgangsbasis für die Übertragung in Excel. Nachdem die Tabelle mit allen benötigten Angaben, wie Bestellmenge usw., in Excel übertragen wurde, sind die fehlenden Angaben zu errechnen. Dazu sind an entsprechender Stelle absolute bzw. relative Zellbezüge zu verwenden. Nach korrekter Berechnung der optimalen Bestellmenge ist die Excel-Tabelle um ein Liniendiagramm zu ergänzen. Aus diesem kann die optimale Bestellmenge abgelesen werden. Die optimale Bestellmenge ist dort ersichtlich, wo die Linien der Lagerhaltungs- und Bestellkosten, d. h. die Linie der Gesamtkosten ihren Tiefpunkt hat. Auf eine korrekte Achsenbeschriftung ist zu achten, sodass eine fehlerfreie Zuordnung der optimalen Bestellmenge möglich ist. Zum Abschluss erfolgt die Begründung zur optimalen Bestellmenge.

Jahresbedarf		2000 Stück		
Bestellkosten pro Bestellung		10,00 €		
Preis pro Stück		3,00 €		
Lagerhaltungskosten		4%		

Bestellungmenge (Stück)	Bestellhäufigkeit	Durchschnittlicher Lager	Lagerhaltungskosten	Bestellkosten (Euro)	Gesamtkosten (Euro)
2000	1,00	1000	120,00 €	10,00 €	130,00 €
1800	1,11	900	108,00 €	11,11 €	119,11 €
1600	1,25	800	96,00 €	12,50 €	108,50 €
1400	1,43	700	84,00 €	14,29 €	98,29 €
1200	1,67	600	72,00 €	16,67 €	88,67 €
1000	2,00	500	60,00 €	20,00 €	80,00 €
800	2,50	400	48,00 €	25,00 €	73,00 €
600	3,33	300	36,00 €	33,33 €	69,33 €
400	5,00	200	24,00 €	50,00 €	74,00 €
200	10,00	100	12,00 €	100,00 €	112,00 €

Optimale Bestellmenge

Zur Vertiefung:

Es ist auch möglich, die optimale Bestellmenge mit der Bestellmengenformel zu berechnen. Die Vorgehensweise ist wie folgt:

$$\text{Optimale Bestellmenge} = \sqrt{\frac{200 * \text{Jahresbedarf} * \text{Bestellkosten pro Bestellung}}{\text{Preis pro Stück} * \text{Lagerhaltungskostensatz}}}$$

eingesetzt bedeutet dies:

$$\sqrt{\frac{200 * 2000 * 10}{3 * 4}} = 577,35$$

Die Berechnung mithilfe der Formel ist, wie dargestellt, präziser.

1.3 Lernaufgabe

In dieser Situation werden die Auszubildenden in den kaufmännischen Alltag eingebunden, indem sie ihr Wissen aus Lernfeld 3 vertiefen. Nun lernen sie neben den Gestaltungsrichtlinien und der Umsetzung mithilfe eines Textverarbeitungsprogrammes die betriebswirtschaftlichen Aspekte einer Anfrage kennen. Zur Übung können diese zusätzlich zur handschriftlichen Umsetzung mithilfe eines Textverarbeitungsprogrammes und unter Anwendung des Serienbriefes erstellt werden. Geeignete Lieferanten zu finden, ist im betrieblichen Alltag immer wieder notwendig, sei es aufgrund einer Lieferschwierigkeit, der Erweiterung der Produktpalette oder simpler Unzufriedenheit mit bisherigen Lieferanten. Im Alltag wird den Lernenden die Beantwortung der nachstehenden Leitfrage helfen:

Wie finden Sie einen geeigneten Lieferanten?

1. bis 4. Arbeitsschritt

Die Lernenden informieren sich in Einzelarbeit über die Bezugsquellenermittlung und erweitern ihr persönliches Glossar. Danach finden sie sich paarweise zusammen und vergleichen ihr Glossar, d. h. insbesondere die verfassten Erläuterungen der Begriffe. Nachdem alle Fragen gegenseitig beantwortet wurden, entscheiden sie gemeinsam, ob sie eine bestimmte oder unbestimmte Anfrage formulieren würden. Zudem, ob sie auf interne oder externe Bezugsquellen zurückgreifen.

- Die Lernenden werden feststellen, dass sie eine bestimmte Anfrage verfassen und dies damit begründen, dass Herr Thommes sich konkret für 50 Aktenvernichter interessiert, die geräuscharm, unauffällig und kostengünstig sind. Zudem sollen sie über eine Papierkorbfunktion und einen getrennten Schredder verfügen. Eine allgemeine Anfrage mit der Bitte um Katalogzusendung usw. hätte noch ein Auswahlverfahren zur Folge, welches arbeits- und somit kostenintensiv ist.

- Zurückgegriffen werden sollte zunächst auf bekannte Lieferanten für Büromöbel. Dies sollte aufgrund des Geschäftsbereiches der Büromöbel Hauser & Schulte GmbH kein Problem darstellen. Jedoch ist auch die Ausweitung auf neue bzw. externe Bezugsquellen denkbar. Betont werden sollte dann, dass diese Vorgehensweise zeit- und kostenintensiver sowie riskanter ist, da es sich um unbekannte Lieferanten handelt, deren Zuverlässigkeit unbekannt ist.

Fachbegriff	Erläuterung
Anfrage	Einholen von Informationen bzw. sich erkundigen. Rechtlich unverbindlich
Rechtlich unverbindlich	Keine rechtlichen Folgen bzw. Pflichten für den Anfragenden oder Antwortenden
Allgemeine Anfrage	Bitte um allgemeine Informationen des Lieferprogrammes, z. B. aktueller Katalog, Preisliste, Prospekt, …
Bestimmte Anfrage	Erkundigung nach konkreten Produkten, Preisen, Liefer- und Zahlungsbedingungen für dieses Produkt, … Voraussetzung ist eine Bedarfsermittlung.
Bezugsquellenermittlung	Herausfinden eines möglichen Lieferanten
Interne Informationsquellen	Liegen im Unternehmen vor, z. B. in Form von Lieferer- und Warendateien, Einkaufsstatistik, …
Liefererdatei	Gibt, meist alphabetisch, Auskunft über die Lieferanten, mit denen das Unternehmen bereits Geschäfte abwickelt.
Warendatei	Sortiert alle Lieferanten nach den Waren.
Externe Informationsquellen	Suche nach Lieferanten, mit denen das Unternehmen bislang nicht in Geschäftsverbindung stand. Beispiele: Gelbe Seiten, Fachzeitschriften, Messekataloge, …

L1

5. bis 8. Arbeitsschritt

Das Los entscheidet, welche Tandems ihre Arbeitsergebnisse vorstellen. Nach der Präsentation werden abweichende Antworten bzw. Begründungen diskutiert und untereinander konstruktives Feedback gegeben. In Einzelarbeit formuliert jeder Lernende handschriftlich anhand der obigen Arbeitsergebnisse eine Anfrage. Die Lernenden setzen sich in Vierer-Gruppen zusammen, um ihre Anfragen zu vergleichen. Korrigiert werden sowohl Rechtschreibung, Zeichensetzung als auch Gestaltungsregeln und Inhalt.

9. bis 16. Arbeitsschritt

Jeder Lernende erstellt nun eine Anfrage mithilfe eines Textverarbeitungsprogrammes. Diese soll

> Büroshop
> Schnell und direkt GmbH
> Birnbaumstraße 23
> 55252 Mainz
>
> Anfrage über 50 Aktenvernichter
>
> Sehr geehrter Herr Brenner,
>
> in der Fachzeitschrift „Unser Büro aktuell" haben wir Ihre Anzeige über Ihre technischen Büroneuheiten gelesen.
>
> Wir sind ein aufstrebendes Unternehmen für Büromöbel und benötigen für die Erweiterung unseres Sortimentes Aktenvernichter auf höchstem Qualitätsniveau, sodass wir Sie um ein ausführliches Angebot über folgendes Produkt bitten:
>
> **Aktenvernichter mit folgenden Qualitätsmerkmalen**
> - geräuscharm
> - indestens 100 Blatt Einzug
> - automatische Papierzuführung
> - Überhitzungsschutz
> - Anzeige bei vollem Abfallbehälter
> - zusätzliche Papierkorbfunktion ohne Schredderbedarf
>
> Wir interessieren und sowohl für Ihre Preise als auch sonstigen Konditionen wie Lieferungs- und Zahlungsbedingungen und Rabattmöglichkeiten bei der Abnahme von 50 Aktenvernichtern.
>
> Wir freuen uns auf Ihre baldige Reaktion und verbleiben bis dahin
>
> mit freundlichen Grüßen
>
> Büromöbel
> Hauser & Schulte GmbH
>
> i. A. M. Thommes

an mehrere ausgewählte Lieferanten versandt werden, sodass die Funktion des Serienbriefes ideal ist. Nachdem die Lernenden das Manual zum Thema Serienbrief erfasst haben, erstellen sie unter Verwendung des Lieferantenverzeichnisses eigene Feldnamen (Firmenname, Ansprechpartner (Vor- und Nachname), PLZ, Ort und Anrede. Für die individuelle Anrede nutzen sie das Bedingungsfeld. Nachdem diese Arbeitsschritte vollzogen sind, vergleichen die Lernenden paarweise die Umsetzung und insbesondere die korrekte Funktionsweise des Serienbriefes. Ebenso als Tandem bereiten die Lernenden eine Präsentation vor, die die Themen Bezugsquellenermittlung, Anfrage und Serienbrief beinhaltet. Die Präsentation soll ausführlich den gesamten Arbeitsprozess darstellen, der notwendig ist, um einen geeigneten Lieferanten zu finden. Das Plenum gibt Verbesserungsvorschläge, bevor jeder Lernende seine Aufzeichnungen verbessert.

Büromöbel

Hauser & Schulte GmbH

Büromöbel Hauser & Schulte GmbH · Postfac

BÜROMÖBEL
HAUSER & SCHULTE (

[Dialogfenster: Neue Adressliste — Geben Sie Empfängerinformationen in die Tabelle ein. Klicken Sie auf 'Neuer Eintrag', um weitere Einträge hinzuzufügen.]

Firmenname	Lieferer Nummer	Ansprechp.	Ansprechpartner: Nachname	Straße	Ort	Postleitzahl	Telefon ge.	E-Mail-Adresse
Büroshop Sc...	70212	Jean-Paul	Gemp	Birnbaumstr...	Mainz	55252	0800 1118883	kundenservice@buroshopsud.de
Bürotechnik	70103	Olaf	Brenner	Simeonstraß...	Trier	54290	0651 395902	gemp@stalm.de

Neuer Eintrag   Suchen...
Eintrag löschen   Spalten anpassen...

OK   Abbrechen

<<Firmennamen>>
<<Anrede>> <<Vorname>> <<Nachname>>
<<Straße>>
<<PLZ>> <<Ort>>

Ihre Nachricht vom:
Kundennummer: <<Kundennummer>>
Unser Zeichen: mt- (Initiale vom Schüler)
Unsere Nachricht vom:

Name: Markus Thommes
Telefon: 0651 487-1342
Telefax: 0651 487-1345
E-Mail: thommes@hauser-schulte.de
Internet: www.hauser-schulte.de

Datum: 09.07.20xx

[Dialogfenster: Bedingungsfeld einfügen: WENN]

WENN
Feldname: Anrede   Vergleich: Gleich   Vergleichen mit: Herr
Dann diesen Text einfügen:
Sehr geehrter Herr
Sonst diesen Text einfügen:
Sehr geehrte Frau

OK   Abbrechen

Anfrage über 50 Aktenvernichter

Sehr geehrter Herr <<Nachname>>,

in der Fachzeitschrift „Unser Büro aktuell" haben   ten gelesen.

Wir sind ein aufstrebendes Unternehmen für Büromöbel und benötigen für die Erweiterung unseres Sortimentes Aktenvernichter auf höchstem Qualitätsniveau, sodass wir sie um ein ausführliches Angebot über folgendes Produkt bitten:

Aktenvernichter mit folgenden Qualitätsmerkmalen
- geräuscharm
- indestens 100 Blatt Einzug
- automatische Papierzuführung
- Überhitzungsschutz
- Anzeige bei vollem Abfallbehälter
- zusätzliche Papierkorbfunktion ohne Schredderbedar

Wir interessieren und sowohl für Ihre Preise als auch sonstigen Konditionen wie Lieferungs- und Zahlungsbedingungen und Rabattmöglichkeiten bei der Abnahme von 50 Aktenvernichtern.

Wir freuen uns auf Ihre baldige Reaktion und verbleiben bis dahin

mit freundlichen Grüßen

Büromöbel
Hauser & Schulte GmbH

i. A. M. Thommes

Büromöbel Hauser & Schulte GmbH	Sparkasse Trier	Geschäftsführer	Steuer-Nr.: 10/201/0204/5
Balduinstraße 15	IBAN: DE67 2630 0000 0923 00	Nadine Hauser	USt-ID: DE 190453342
54290 Trier	BIC: RLade21NOH	Joachim Schulte	

L1

1.4 Lernaufgabe

Wie im Büroalltag führen die Lernenden in der nachstehenden Aufgabe einen Angebotsvergleich durch. Zunächst handschriftlich, danach mithilfe von Excel sowohl als quantitativen als auch als qualitativen Angebotsvergleich. Am Ende der Lernaufgabe stellen die Lernenden ihre Arbeitsergebnisse ihren Vorgesetzten Frau Laux bzw. Herrn Thommes vor und begründen ihre Entscheidung, bei welchem Lieferanten sie bestellen würden:

Bei welchem Lieferanten bestellen Sie?

1. bis 3. Arbeitsschritt

Die Erschließung der Manuale erfolgt arbeitsteilig. Jeder Lernende erweitert sein Glossar um die für ihn neuen Fachinhalte. Danach tauschen sich die Partner aus, finden ergänzende Beispiele und notieren sich die fehlenden Fachbegriffe im Glossar. Im Anschluss legen die Lernenden gemeinsam ein Strukturbild zum Angebot.

Fachbegriff	Erläuterung
Anfrage	Das Nachfragen bei verschiedenen Anbietern (Verkäufern) nach einem Produkt, seinem Preis und weiteren Bedingungen. Eine Anfrage ist rechtlich unverbindlich, d. h., eine Anfrage hat keinerlei rechtliche Folgen.
Angebot	Antwort auf eine Anfrage. Ein Angebot sollte bestimmte Mindestinhalte enthalten. Ein Angebot ist rechtlich verbindlich. Dies kann der Anbieter durch eine Freizeichnungsklausel aufheben.
Verlangtes Angebot	Dem Angebot ging eine Anfrage voraus.
Unverlangtes Angebot	Dem Angebot ging keine Anfrage voraus. Ein Unternehmen unterbreitet von sich aus ein Angebot. Ziel ist es, neue Kunden zu gewinnen.
Anpreisung	Ein an die Allgemeinheit gerichtetes Angebot, z. B. ein Katalog, eine Schaufensterauslage usw. Eine Anpreisung ist rechtlich unverbindlich.
Mindestinhalte des Angebots	
Art der Ware	Handelsübliche Bezeichnung (Name)
Güte der Ware	Qualitätsmerkmale der Ware (echtes Leder, Handelsklasse A, …)
Menge der Ware	Handelsübliche Mengenangaben (Kilogramm, Meter, …)
Beschaffenheit der Ware	Vereinbarte Eigenschaft der Ware (internetfähig, …)
Preis der Ware	Bezogen auf Einzel- und Gesamtmenge, Preisnachlässe wie Mengenrabatt beachten
Preisnachlass	Reduktion des Güterpreises (Treuerabatt für Stammkunden, Mengenrabatt, da die gekaufte Menge sehr groß ist, …)
Beschaffungskosten	Güterpreis am Markt und alle anderen zur Beschaffung notwendigen Kosten wie Transportkosten, Versicherungskosten, …
Lieferbedingungen	Bedingungen über die anfallenden Verpackungs- und Beförderungskosten
Lieferzeit	Zeit zwischen der Vereinbarung der Lieferung und der tatsächlichen Ankunft
Fixkauf	Bei Vertragsschluss wird ein genauer Liefertermin festgelegt, z. B. 15.11.20..
Zweckkauf	Die Ware wird nur zu einem bestimmten Anlass benötigt, z. B. Hochzeitstorte, Weihnachtsbaum.
Verpackungskosten	Kosten für die Verpackung der Ware, vom Käufer zu tragen
Erfüllungsort	Ort, an dem Verkäufer seine Ware an Käufer übergibt, Käufer die Ware annimmt sowie Ort, an dem Käufer die Ware zahlt und Verkäufer die Zahlung annimmt
(Einfacher) Eigentumsvorbehalt	Klausel bzw. Vereinbarung über den Zeitpunkt des Eigentumsübergangs an einer Ware. Beispielsweise erst nach vollständiger Zahlung der Ware. Der Eigentumsvorbehalt dient somit dem Verkäufer als Absicherung.
Besitz	Tatsächliche Herrschaft über eine Sache
Eigentum	Rechtliche Herrschaft über eine Sache

L1

Erweiterter Eigentumsvorbehalt	Hilfreich, wenn Käufer wiederholt bei diesem Käufer Güter ordert. Das Eigentum an der Ware geht erst dann auf ihn über, wenn er alle seine Rechnungen über sämtliche bestellten Waren bezahlt hat. Hat er nur eine Rechnung nicht bezahlt, bleibt er nur Besitzer.
Verlängerter Eigentumsvorbehalt	Der Käufer hat die Ware unverarbeitet weiterverkauft oder weiterverarbeitet und verkauft ohne seine Rechnung zu begleichen. Seinerseits erwartet er aber die Zahlung seines Käufers. Diese steht nun aber seinem Verkäufer zu.
Gefahrenübergang	Verantwortlichkeit des Schuldners. Der Verkäufer ist Warenschuldner und der Käufer Geldschuldner.
Frachtführer	Beauftragter Dritter, der mithilfe eines Frachtvertrages dazu verpflichtet wird, die Ware auf dem Landweg, Binnengewässern oder per Flugzeug zum Käufer zu befördern und zu übergeben. Der Frachtführer haftet für Schäden.
Spediteur	Organisiert den Gütertransport. Dazu wird er mit einem Speditionsvertrag verpflichtet. Häufig übernimmt er den Transport selbst (Selbsteintritt) und wird so zum Frachtführer.
Gerichtsstand	Ort, an dem die Gerichtsverhandlung stattfinden würde, falls Verkäufer und Käufer sich streiten
Allgemeine Geschäftsbedingungen (AGB)	Vorformulierte Vertragsbedingungen, die auf der Vertragsurkunde selbst oder einem gesonderten Blatt abgedruckt sind. Beide Vertragspartner müssen mit den AGB einverstanden sein. Zur Rationalisierung des Geschäftsverkehrs. Der Verbraucherschutz achtet darauf, dass der Verbraucher nicht benachteiligt wird. Individuelle Vertragsabsprachen sind wichtiger als die AGB.
Vertragsfreiheit	Die Vertragspartner können den Inhalt des gemeinsam geschlossenen Vertrages frei vereinbaren.
Gültigkeit (Bindungsfrist)	Zeit, in der das Angebot angenommen werden kann/muss
Unter Anwesenden	Das Angebot kann angenommen werden, solange alle beteiligten Personen zusammen sind.
Unter Abwesenden	Das Angebot kann angenommen werden, solange wie unter regelmäßigen Umständen eine Antwort erwartet werden darf.
Freizeichnungsklausel	Formulierungen, um die Bindung an ein Angebot ganz oder teilweise auszuschließen
Vollständig ausgeschlossen	z. B. durch Formulierungen wie: freibleibend, unverbindlich, ohne Gewähr
Beschränkungen in der Menge	z. B. durch Formulierungen wie: solange der Vorrat reicht, Abgabe in haushaltsüblichen Mengen
Quantitative Faktoren des Angebotsvergleiches	Preis, Transportkosten, Rabatte, Zahlungsspielraum usw.
Qualitative Faktoren des Angebotsvergleiches	Termintreue, Güterqualität, Standortnähe, Umweltfreundlichkeit usw.

4. bis 7. Arbeitsschritt

Nachdem sich jeweils zwei Tandems zusammengeschlossen haben, erläutern sie sich gegenseitig ihre Strukturbilder zum Angebot. Gemeinsam optimieren sie ein Schaubild, um es im anschließenden „Museumsrundgang" ausstellen zu können. Die Gruppe bereitet sich auf die Präsentation vor. Jeder muss informiert sein, da jeweils ein Lernender das erstellte Strukturbild erklärt, während die anderen drei Mitglieder am Rundgang teilnehmen. Nachdem alle Lernenden den Rundgang durchlaufen haben, reflektieren sie die Strukturbilder. Dabei nennen sie sowohl positive Aspekte als auch Verbesserungsvorschläge. Eventuelle Fehler werden respektvoll korrigiert.

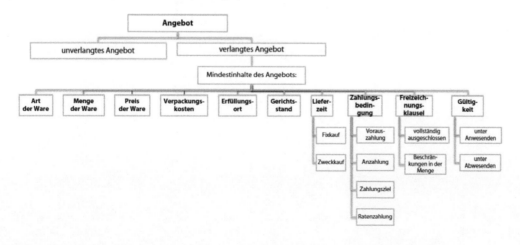

L1

8. und 9. Arbeitsschritt

In Einzelarbeit sichten die Lernenden die Angebote. Bei einem beliebigen markieren sie die Mindestbestandteile. Danach übertragen sie die abgebildete Tabelle in ihre Unterlagen, um sie durch die Bestandteile in den Angeboten zu ergänzen. Die zunächst handschriftlich erstellte Tabelle dient als übersichtliche Grundlage für die Umsetzung in Excel.

Angebotsvergleich

Angebotsvergleich			
	Omega	**Büroshop**	**Bürostube**
Menge der Ware	50 Aktenvernichter	**50 Aktenvernichter**	50 Aktenvernichter
Art der Ware	„Criss Cross", Modellnummer CC 1000	**„Shreddercut", Modellnummer SC 911**	„Auto Hexel", Artikelnummer AH 5100
Preis der Ware	675,00 € je Stück	**525,00 € je Stück**	748,99 € je Stück
Versandkosten	0,00 €	**0,00 €**	0,00 €
Verpackungskosten gesamt	0,00	**0,00 €**	2,99 € pro Stück
Lieferzeit	14 Tage	**2 Tage**	2 – 3 Tage
Zahlungsbedingungen	sofort nach Erhalt der Ware per Überweisung	**innerhalb von 14 Tagen 3% Skonto oder 30 Tagen per Überweisung**	innerhalb von 14 Tagen, bei Lastschrift innerhalb von 7 Tagen
Gültigkeit des Angebotes (Freizeichnungsklausel)	ohne jegliche Gewähr	**freibleibend**	freibleibend und unverbindlich
Berechnung			
Preis	50 Stück * 675,00 € = **33.750,00 €**	**50 Stück * 525,00 € = 26.250,00 €**	50 Stück * 748,99 € = **37.449,50 €**
+ Versand- bzw. Verpackungskosten	0,00 €	**0,00 €**	2,99 € pro Stück
./. Rabatt	10 %	**0 %**	0 %
Liefererskonto	0 %	**3 %**	0 %
Summe	30.375,00 €	**25.462,50 €**	37.599,00 €

10. bis 13. Arbeitsschritt

Quantitativer Angebotsvergleich mithilfe von Excel (10. – 13. Arbeitsschritt)

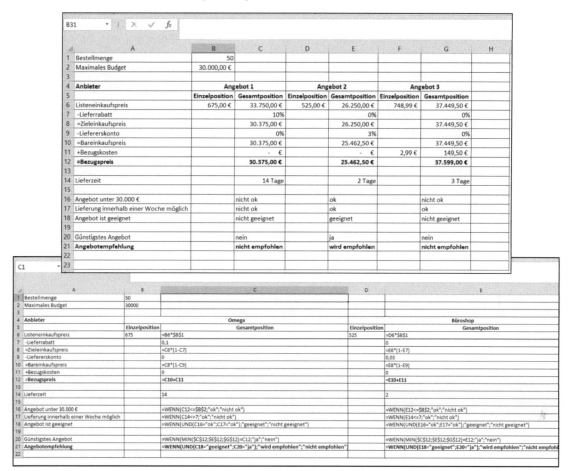

Das handschriftlich erstellte Schema des Angebotsvergleichs überträgt jeder Lernende in Excel und ergänzt es um die Angaben aus den Angeboten bzw. der bereits ausgefüllten Tabelle. Mithilfe der relativen und absoluten Adressierung werden die Berechnungen rationalisiert. Um die Wünsche von Herrn Thommes (günstigste Angebot, aber maximal 30.000,00 € sowie Lieferung innerhalb einer Woche) ebenfalls rationell einzubinden, binden die Lernenden die WENN-DANN-Funktion in ihrer Tabelle ein. So ist es möglich, eine automatische Ergebniszeile in Textform zu erhalten, die mitteilt, ob das Angebot die Wünsche von Herrn Thommes erfüllt oder nicht.

14. bis 16. Arbeitsschritt

Aufgrund der Excel-Tabelle entscheiden sich die Lernenden im Tandem für ein Angebot. Ihre Entscheidung begründen sie und berücksichtigen diese bei ihrer Präsentation. Hierin geht ein Partner auf die Mindestbestandteile eines Angebotes ein, der andere begründet mithilfe der Tabelle, bei welchem Lieferanten das Tandem bestellt. Ihr Ergebnis stellen sie dem Plenum und Herrn Thommes, vertreten durch die Lehrperson, vor.

17. und 18. Arbeitsschritt

Nach Abschluss des quantitativen Angebotsvergleiches interessiert sich Herr Thommes noch für das Ergebnis aus dem qualitativen Angebotsvergleich (Nutzwertanalyse). Diesen setzen die Lernenden erneut als Tandem unter Anwendung von Excel um. Dazu erstellen sie eine Tabelle zur Nutzwertanalyse. Darin verwenden sie die in der Aufgabenstellung genannten Bedingungen zu den aufgezeigten Gewichtungen für die unterschiedlichen Qualitätskriterien, wie Qualitätszuverlässigkeit, Bezugspreis usw. Die konkrete Nutzwertanalyse läuft nach folgenden Schritten ab: Zunächst werden drei Tabellenblätter mit den Namen „Informationen", „Bezugspreise" und „Bewertung" beschriftet. In der Tabelle mit Namen „Informationen" werden die Gewichtungen festgehalten. Den Matrizen werden Bereichsnamen gegeben. In die Tabelle „Bezugspreise" werden die „Quantitative Daten" übertragen und die Tabelle „Bewertung" wird um „Quantitativen Daten" ergänzt.

Mithilfe des SVerweises und WVerweises werden die Angebote konkret ausgewertet und die Rangpunktzahl ermittelt, sodass aufgrund der verwendeten Excel-Funktionen das Angebot ausgewählt werden muss, welches die meisten gewünschten Kriterien erfüllt.

Nachdem sich die Lernenden auf eine Präsentation vorbereitet haben, stellen sie Herrn Thommes, d. h. der Lehrperson, und dem Plenum ihre Entscheidung vor. Dabei begründen sie diese und erörtern, ob sie sich aufgrund der Excel-Anwendung für ein anderes Angebot entschieden haben, als im handschriftlichen Vergleich.

Qualitativer Angebotsvergleich mithilfe von Excel (Nutzwertanalyse) (17. Arbeitsschritt)

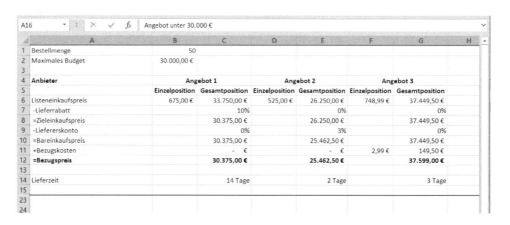

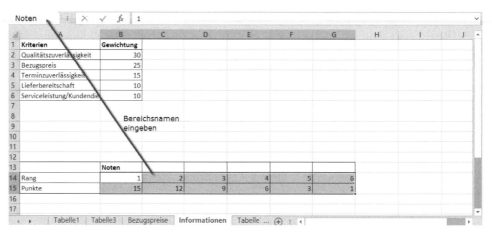

L1

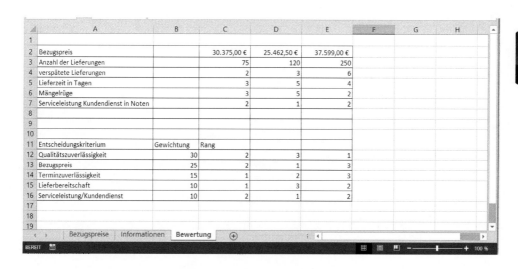

	A	B	C	D	E	F	G	H
1								
2	Bezugspreis		30.375,00 €	25.462,50 €	37.599,00 €			
3	Anzahl der Lieferungen		75	120	250			
4	verspätete Lieferungen		2	3	6			
5	Lieferzeit in Tagen		3	5	4			
6	Mängelrüge		3	5	2			
7	Serviceleistung Kundendienst in Noten		2	1	2			
8								
9								
10								
11	Entscheidungskriterium	Gewichtung	Rang					
12	Qualitätszuverlässigkeit	30	2	3	1			
13	Bezugspreis	25	2	1	3			
14	Terminzuverlässigkeit	15	1	2	3			
15	Lieferbereitschaft	10	1	3	2			
16	Serviceleistung/Kundendienst	10	2	1	2			
17								
18								
19								

Bezugspreise   Informationen   **Bewertung**   ⊕

BEREIT   🔲   ▦ 🔲 🔳 — ▬ + 100 %

1. Bezug zum Tabellenblatt = Name des Tabellenblattes! (**Informationen!**)

2. Bezug zu den gewünschten Daten = Bereichsname; (**Noten;**)

3. Bezug zur Spalte, die die Informationen enthält = Bereich Noten enthält 2 Spalten, die 2. Spalte gibt die gewünschte Information (2)

Nutzwertanalyse mit Kommentar

	A	B	C	D	E
1			Omega	Büroshop	Bürostube
2	Bezugspreis		30.375,00 €	25.462,50 €	37.599,00 €
3	Anzahl der Lieferungen		75	120	250
4	verspätete Lieferungen		2	3	6
5	Lieferzeit in Tagen		3	5	4
6	Mängelrüge		3	5	2
7	Serviceleistung Kundendienst in Noten		2	1	2
8					
9					
10					
11	**Entscheidungskriterium**	**Gewichtung**	**Rang**		
12	Qualitätszuverlässigkeit	30	2	3	1
13	Bezugspreis	25	2	1	3
14	Terminzuverlässigkeit	15	1	2	3
15	Lieferbereitschaft	10	1	3	2
16	Serviceleistung/Kundendienst	10	2	1	2
17					
18					
19	Qualitätszuverlässigkeit		12	9	15
20	Bezugspreis		12	15	9
21	Terminzuverlässigkeit		15	12	9
22	Lieferbereitschaft		15	9	12
23	Serviceleistung/Kundendienst		12	15	12
24					
25					
26	Qualitätszuverlässigkeit	30	360	270	450
27	Bezugspreis	25	300	375	225
28	Terminzuverlässigkeit	15	225	180	135
29	Lieferbereitschaft	10	150	90	120
30	Serviceleistung/Kundendienst	10	120	150	120
31			1155	1065	1050
32					
33	Nach dem quantitativen Angebotsvergleich bietet Büroshop die günstigsten Aktenvernichter an.				
34					
35	Bei einem qualitativen Angeobtsvergleich (Nutzwertanalyse) schneidet Omega besser ab. In der Lieferbereitschaft und der Terminzuverlässigkeit				
36	punktet Omega. Allerdings liegt er knapp über 30.000 €				
37					
38					
39					

	A	B	C	D
1			Omega	Büroshop
2	Bezugspreis		30375	25462,5
3	Anzahl der Lieferungen		75	120
4	verspätete Lieferungen		2	3
5	Lieferzeit in Tagen		3	5
6	Mängelrüge		3	5
7	Serviceleistung Kundendienst in Noten		2	1
8				
9				
10				
11	Entscheidungskriterium	Gewichtung	Rang	
12	Qualitätszuverlässigkeit	Da	=RANG(C6;$C6:$E6;1)	=RANG(D6;$C6:$E6;1)
13	Bezugspreis	=SVERWEIS(A13;Informationen!A3:B7;2)	=RANG(C2;$C2:$E2;1)	=RANG(D2;$C2:$E2;1)
14	Terminzuverlässigkeit	=SVERWEIS(A14;Informationen!A4:B8;2)	=RANG(C4;$C4:$E4;1)	=RANG(D3;$C3:$E3;1)
15	Lieferbereitschaft	=SVERWEIS(A15;Informationen!A5:B9;2)	=RANG(C5;$C5:$E5;1)	=RANG(D5;$C5:$E5;1)
16	Serviceleistung/Kundendienst	=SVERWEIS(A16;Informationen!A6:B10;2)	2	1
17				
18				
19	Qualitätszuverlässigkeit		=WVERWEIS(C12;'Angebotsvergleich WVerweis.xlsx'!Noten;2)	=WVERWEIS(D12;'Angebotsvergleich WVerweis.xlsx'!Noten
20	Bezugspreis		=WVERWEIS(C13;'Angebotsvergleich WVerweis.xlsx'!Noten;2)	=WVERWEIS(D13;'Angebotsvergleich WVerweis.xlsx'!Noten
21	Terminzuverlässigkeit		=WVERWEIS(C14;'Angebotsvergleich WVerweis.xlsx'!Noten;2)	=WVERWEIS(D14;'Angebotsvergleich WVerweis.xlsx'!Noten
22	Lieferbereitschaft		=WVERWEIS(C15;'Angebotsvergleich WVerweis.xlsx'!Noten;2)	=WVERWEIS(D15;'Angebotsvergleich WVerweis.xlsx'!Noten
23	Serviceleistung/Kundendienst		=WVERWEIS(C16;'Angebotsvergleich WVerweis.xlsx'!Noten;2)	=WVERWEIS(D16;'Angebotsvergleich WVerweis.xlsx'!Noten
24				
25				
26	Qualitätszuverlässigkeit	=SVERWEIS(A26;'Angebotsvergleich WVerweis.xlsx'!Gewichtung;2;)	=$B26*C19	=$B26*D19
27	Bezugspreis	=SVERWEIS(A27;'Angebotsvergleich WVerweis.xlsx'!Gewichtung;2;)	=$B27*C20	=$B27*D20
28	Terminzuverlässigkeit	=SVERWEIS(A28;'Angebotsvergleich WVerweis.xlsx'!Gewichtung;2;)	=$B28*C21	=$B28*D21
29	Lieferbereitschaft	=SVERWEIS(A29;'Angebotsvergleich WVerweis.xlsx'!Gewichtung;2;)	=$B29*C22	=$B29*D22
30	Serviceleistung/Kundendienst	=SVERWEIS(A30;'Angebotsvergleich WVerweis.xlsx'!Gewichtung;2;)	=$B30*C23	=$B30*D23
31			=SUMME(C26:C30)	=SUMME(D26:D30)
32				

Ausschnitt der Formelübersicht = Nutzwertanalyse

Achtung! Je nach Anwendung des quantitativen oder qualitativen Angebotsvergleiches kommt die Büromöbel Hauser & Schulte GmbH zu verschiedenen Lieferanten. Während der quantitative Angebotsvergleich dazu führt, dass dem Büroshop der Auftrag erteilt wird, bestellt die Hauser & Schulte GmbH nach dem qualitativen Angebotsvergleich bei Omega. Die Abweichung ist keine Seltenheit und darauf zurückzuführen, dass sich der quantitative Angebotsvergleich ausschließlich auf statische Faktoren wie Preis, Lieferzeit usw. bezieht. Dagegen berücksichtigt der qualitative Angebotsvergleich auch „weiche" Kriterien, wie die Zuverlässigkeit, Warenqualität usw. Je nachdem wie hoch ein Unternehmen das jeweilige Kriterium bewertet, legt es eine unterschiedlich hohe Gewichtung fest. Meist bewertet der qualitative Vergleich mehr Faktoren als der quantitative.

In obigem Beispiel hat die Büromöbel Hauser & Schulte GmbH nun die Entscheidung zu treffen, ob sie statisch an ihrer grundsätzlichen Vorgabe des Preislimits von 30.000,00 Euro festhält, dann ist definitiv, auch nach dem Ergebnis des qualitativen Vergleichs, bei Büroshop zu bestellen. Bewertet sie andere Faktoren wie die Liefererbereitschaft stärker, dann bestellt sie bei Omega und muss einen höheren Preis zahlen.

Im weiteren Verlauf dieser Lernaufgabe wird stets, in Anlehnung an das Ergebnis des quantitativen Angebotsvergleichs, auf den Büroshop als ausgewählten Anbieter zurückgegriffen.

1.5 Lernaufgabe – Reflexion des Lernzuwachses

In dieser Lernsituation steht die konkrete Anwendung im Büroalltag nochmals im Vordergrund. Ausgehend von den, insbesondere in Lernaufgabe 12.4, gemachten Erfahrungen im Hinblick auf einen Angebotsvergleich und eine Umsetzung in Excel sollten die Lernenden nochmals die wesentlichen Unterschiede reflektieren und austauschen, welche Schwierigkeiten sie zunächst hatten.

Daraufhin ist im Plenum darauf einzugehen, wie diese Herausforderungen bewältigt werden konnten. Auf diesem Weg prägen sich die Lerninhalte nochmals ein und die Lernenden vergegenwärtigen sich, dass sie, eventuell anhand ihrer Unterlagen, einen solchen Angebotsvergleich in ihrem Ausbildungsunternehmen vornehmen können.

Auch ein Bezug auf die Vorgehensweise im Betrieb dient dazu, anhand der gemachten persönlichen Erfahrungen im Arbeitsalltag, das Erlernte zu vertiefen. Die entsprechende Leitfrage dazu lautet:

Wie finden Sie nach quantitativen und qualitativen Aspekten den geeignetsten Lieferanten?

2 Lernsituation: Ware rechtsgültig bestellen

Lernsituation 13 befasst sich mit der Bestellung als weiteren Bestandteil der Auftragsabwicklung, aus der ein rechtsgültiger Vertrag hervorgehen kann. Als Voraussetzung setzen sich die Lernenden mit der Rechts- und Geschäftsfähigkeit auseinander, um abschließend die unterschiedlichen Rechte von Käufer und Verkäufer zu klären.

Warm-up durchführen

Auf der Suche nach einem geeigneten Lieferanten gilt es, verschiedene Aspekte zu beachten. Haben die Lernenden bereits Erfahrung mit der Lieferantensuche, kennen sie die relevanten Fragen. Andernfalls unterstützen Sie sie mit Fragen wie: „Wann kann die Ware geliefert werden?", „Wie viel Ware kann geliefert werden?", „Wo ist der Erfüllungsort?", „Wer darf den Vertrag mit dem Lieferanten abschließen?", „Wie lauten die Pflichten aus dem Vertrag?", ...

2.1 Lernaufgabe

Wie im beruflichen Alltag folgt auf einen akzeptierten Angebotsvergleich die konkrete Bestellung als weiterer Bestandteil der Auftragsabwicklung. Damit sich die Lernenden bewusst werden, welche rechtlichen Konsequenzen eine Bestellung nach sich zieht, bereiten sie die Lerninhalte in Form eines szenischen Spiels auf, bevor sie eine Bestellung ausarbeiten. Die entsprechende Leitfrage lautet:

Wie formulieren Sie eine Bestellung?

1. und 2. Arbeitsschritt

In Einzelarbeit erschließen die Lernenden die Informationen zur Bestellung und erweitern ihr Glossar um die neuen Fachbegriffe. Darüber hinaus erstellen sie Notizkärtchen, z. B. in der Größe DIN-A8. Auf der Vorderseite stellen sie themenbezogene Fragen, die sie auf der Rückseite beantworten.

Fachbegriff	Erläuterung
Bestellung (Auftrag)	Einverständniserklärung des Verkäufers mit der Bestellung des Käufers, bestimmte Güter und/oder Dienstleistungen zu kaufen. Konkreter Auftrag an den Verkäufer. Eine Bestellung ist rechtlich bindend.
Formlos	Willenserklärung kann schriftlich, mündlich oder durch konkludentes (schlüssiges) Handeln abgegeben werden. Unabhängig von der Form der Abgabe ist sie gültig.
Vertrag	Kommt zustande, wenn zwei identische Willenserklärungen von beiden Vertragspartnern, z. B. Käufer und Verkäufer vorliegen.
Antrag	Erste Willenserklärung, z. B. Anfrage des Käufers
Annahme (Bestellung oder Auftrag)	Zweite Willenserklärung des Verkäufers als Annahme des Antrages. Dazu kann der Verkäufer eine Bestellungsannahme oder direkt die Güter senden.
Bestellungsannahme (Auftragsbestätigung)	Ausdrückliche Annahme einer Bestellung. Notwendig, wenn kein oder nur unbestimmtes Angebot vorausging, denn fehlt das Angebot, fehlt die erste von zwei notwendigen Willenserklärungen. Dies ist auch der Fall, wenn der Käufer eine Angabe aus dem Angebot ändert, z. B. den Preis. Das veränderte Angebot ist dann die erste Willenserklärung (Antrag), auf die der Verkäufer erst eine zweite identische abgeben muss (Annahme). Notwendig, wenn das Angebot freibleibend war.
Lieferschein (Warenbegleitschein)	Dokumentiert die Warenlieferung und gibt Auskunft über Bezeichnung, Menge, Gewicht der Ware usw. Ein Lieferschein ist gesetzlich nicht vorgeschrieben.

L2

Lernkarten zum Thema Bestellung (2. Arbeitsschritt)

Vorderseite   Rückseite

Welche Angaben sollte eine Bestellung enthalten?	Menge, Preis und Güte der bestellten Ware sind genau anzugeben. Die Zahlungs- und Lieferungsbedingungen können, wie Verpackung, Entsorgung, Rücknahme der auszutauschenden Ware usw., festgehalten werden. Alle Inhalte aus dem Angebot werden wiederholt. War das Angebot sehr ausführlich, reicht es, darauf Bezug zu nehmen.
Wie ist eine Bestellung aufgebaut?	Persönliche Anrede, knappe Einleitung, z. B. Danke für das Angebot, Mittelteil, am Ende positiver Ausblick auf Geschäftsbeziehung. Sowie Grußformel mit Firma. Immer freundliche Formulierungen.
Wann ist die ausdrückliche Annahme einer Bestellung notwendig?	Immer dann, wenn kein oder nur unbestimmtes Angebot vorausging.

Mehrere Lösungsansätze für Handzettel zum szenischen Spiel (5. Arbeitsschritt)

- Unbestimmtes Angebot → Bestellungsannahme, da 1. rechtlich bindende Willenserklärung (WE) fehlt

- Verkäufer macht Angebot → Verkäufer ändert dieses ab = 1. WE → Verkäufer lehnt ab → Vertrag kommt nicht zustande oder → Bestellungsannahme durch den Verkäufer = 2. WE → Vertragsschluss

- Freibleibendes Angebot des Verkäufer → Bestellung des Käufers = 1. WE = Antrag → Verkäufer lehnt ab → Vertrag kommt nicht zustande oder Bestellungsannahme = 2. WE → Vertragsschluss

- Frist im Angebot ist verstrichen → Bestellung des Käufers = 1. WE = Antrag → Verkäufer lehnt ab → Vertrag kommt nicht zustande oder Bestellungsannahme = 2. WE → Vertragsschluss

- Die Bestellungsannahme kann immer durch die direkte Lieferung ersetzt werden.

3. bis 9. Arbeitsschritt

Die Lernenden schließen sich zu Tandems zusammen. Als kleinen Test stellt jeder Lernende seinem Partner die notierten Fragen seiner Kärtchen und prüft, ob die Antwort korrekt ist. Bei Unklarheiten korrigieren die Lernenden untereinander. Wenn alle Fragen beantwortet sind, entwickelt das Tandem ein knappes szenisches Spiel, welches zeigt, wie durch eine Bestellung ein Vertrag zustande kommt. Sowohl den Ablauf als auch angebrachte Fachbegriffe notieren die Lernenden auf Handzetteln. Nach der Einübung stellen die Lernenden nacheinander ihr szenisches Spiel und achten darauf, dass sich die Situationen nicht wiederholen. Sie beantworten Fragen fachlich korrekt und nehmen konstruktive Kritik entgegen.

10. bis 13. Arbeitsschritt

Falls sich im Plenum Korrekturen ergeben haben, notiert diese jeder Lernende auf seinem Handzettel, den er zu seinen Unterlagen nimmt. Als Hausaufgabe erfasst jeder eine korrekte Bestellung als Antwort auf das Angebot. Um Vergleichbarkeit und Kontrolle zu ermöglichen, bereitet sich jeder darauf vor, sein Angebot im Plenum vorzustellen. Die unterschiedlichen Bestellungen werden besprochen und falls notwendig korrigiert. Jeder achtet auf die korrekten Angaben in seiner Bestellung.

L2

Büromöbel

Hauser & Schulte GmbH

Büromöbel Hauser & Schulte GmbH · Postfach 1 23 · 54207 Trier

Büroshop – schnell und direkt GmbH
Birnbaumstraße 23
55252 Mainz

Ihr Zeichen:
Ihre Nachricht vom:
Kundennummer: <<Kundennummer>>
Unser Zeichen: mt-(Initialen von Schüler)
Unsere Nachricht vom:

Name: Markus Thommes
Telefon: 0651 487-1342
Telefax: 0651 487-1345
E-Mail: thommes@hauser-schulte.de
Internet: www.hauser-schulte.de

Datum: 11.07.20xx

Bestellung aufgrund Ihres Angebotes Nr. …

Sehr geehrter Brenner,

wir danken Ihnen für Ihr Angebot vom XXX. Entsprechend der darin gemachten Angaben bestellen wir heute

> **50 Aktenvernichter „SCHREDDERCAT"** mit der Artikelnummer SC 911
> zu einem Stückpreis von 525,00 Euro

Bitte liefern Sie innerhalb der vereinbarten Lieferzeit und beachten alle übrigen in Ihrem Angebot unterbreiteten Angaben. Darüber hinaus bitten wie Sie, uns diese Bestellung zu den angegebenen Bedingungen zu bestätigen.

Wir freuen uns auf eine positive Geschäftsverbindung und verbleiben

mit freundlichen Grüßen

Büromöbel Hauser & Schulte GmbH

i. A. M. Thommes

Büromöbel Hauser & Schulte GmbH	Sparkasse Trier	Geschäftsführer	Steuer-Nr.: 10/201/0204/5
Balduinstraße 15	IBAN: DE67 2630 0000 0923 00	Nadine Hauser	USt-ID: DE 190453342
54290 Trier	BIC: RLade21NOH	Joachim Schulte	

L2

2.2 Lernaufgabe

Ohne den Abschluss von Verträgen, insbesondere Kaufverträgen, könnte ein Unternehmen nicht existieren. Es könnte weder für die Produktion notwendige Einkäufe tätigen, noch Güter verkaufen. Die Mitarbeiter hätten keine Arbeitsverträge usw. In welchem Rahmen die Auszubildenden Verträge abschließen dürfen, ist ein wichtiges Thema, um sie vor Fehlern zu schützen und ihnen rechtliche Konsequenzen aus Verträgen für den beruflichen und privaten Bereich zu vergegenwärtigen. Hierbei hilft die Leitfrage:

Wer ist berechtigt, einen rechtsgültigen Vertrag abzuschließen?

1. bis 4. Arbeitsschritt

In Einzelarbeit erschließen die Lernenden das Manual über Vertragspartner. Mit den Inhalten daraus erweitern sie ihr Glossar. Nachdem sich jeder einen Partner gesucht hat, erklären sie sich gegenseitig die verschiedenen Rechtssubjekte. Gemeinsam erstellen sie ein Organigramm über die Rechtssubjekte sowie deren Rechtsfähigkeit und finden geeignete Beispiele. Danach erarbeitet jeder für sich die Stufen der Geschäftsfähigkeit und ergänzt sein Glossar.

Fachbegriff	Erläuterung
Rechtssubjekt	Alle Personen, die Rechte und Pflichten haben. Rechtssubjekte sind rechtsfähig. Zu unterscheiden sind natürliche und juristische Personen.
Natürliche Personen	Alle Menschen, unabhängig von Alter, Geschlecht, Rasse, Haarfarbe, Größe, …
Juristische Personen	Vereinigungen von natürlichen Personen mit eigener Rechtspersönlichkeit, d. h., sie sind Träger von Rechten und Pflichten, stellen aber keine natürliche Person dar. Juristische Personen verfügen über Vermögen, können Verträge abschließen, klagen, …
Juristische Personen des privaten Rechts	Verfolgen private Ziele, wie Gewinn erzielen. Sie werden in ein öffentliches Register eingetragen, z. B. die GmbH in das Handelsregister. Sie wird durch Eintragung rechtsfähig und verliert diese durch Löschung.
Juristische Personen des öffentlichen Rechts	Dienen öffentlichen Zwecken, werden aufgrund Gesetz gegründet und aufgelöst
Rechtsfähigkeit	Fähigkeit eines Rechtssubjektes Träger von Rechten und Pflichten zu sein, beispielsweise die Fähigkeit Geldgeschenke anzunehmen oder die Pflicht zum Schulbesuch
Öffentliches Register	Ein Verzeichnis, das von der Öffentlichkeit, eventuell unter der Bedingung, dass ein berechtigtes Interesse vorliegt, eingesehen werden kann. In ihm werden Rechtsvorgänge festgehalten, die die Öffentlichkeit interessieren und einer Öffentlichkeitspflicht unterliegen.
Geschäftsfähigkeit	Fähigkeit, Rechtsgeschäfte selbstständig und gültig abzuschließen. Es sind drei „Stufen" zu unterscheiden.
Geschäftsunfähig	Kinder unter sieben Jahren und Personen, die dauerhaft geistesgestört sind. Von Geschäftsunfähigen abgeschlossene Geschäfte gelten als nichtig, d. h., als nicht zustande gekommen.
Beschränkt geschäftsfähig	Minderjährige zwischen dem vollendeten siebten und dem vollendeten 18. Lebensjahr. Diese Personen dürfen Rechtsgeschäfte abschließen, benötigen aber die Zustimmung der Eltern bzw. gesetzlichen Vertreter. Einige Rechtsgeschäfte darf ein beschränkt Geschäftsfähiger alleine abschließen, z. B. wenn er nur über sein Taschengeld verfügt.
Voll geschäftsfähig	Personen, die das 18. Lebensjahr vollendet haben. Sie können alleine Rechtsgeschäfte abschließen, die voll gültig sind, d. h. sie tragen für alle ihre Entscheidungen die alleinige Verantwortung.
Zustimmung	Mit einer Sache/Entscheidung einverstanden sein
Einwilligung	Zustimmung im Voraus
Genehmigung	Nachträgliche Zustimmung

L2

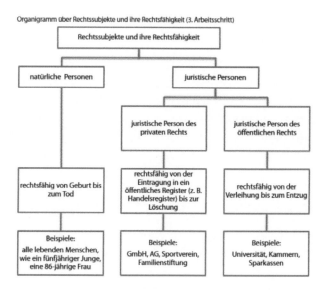

Organigramm über Rechtssubjekte und ihre Rechtsfähigkeit (3. Arbeitsschritt)

5. bis 7. Arbeitsschritt

Die Lernenden bilden nun Zweier-Tandems. Dabei ist es Ihnen überlassen, ob sich neue Tandems bilden oder nicht. Im nächsten Arbeitsschritt erläutern sich die Lernenden die neuen Fachbegriffe und helfen sich bei Unklarheiten. Im Anschluss entwickeln die Lernenden ein szenisches Spiel, um die Stufen der Geschäftsfähigkeit alltagsbezogen anzuwenden.

Jedes Zweier-Tandem wählt zwei unterschiedliche Stufen der Geschäftsfähigkeit aus. Für die jeweilige Stufe (nicht geschäftsfähig oder beschränkt geschäftsfähig oder voll geschäftsfähig) wird ein szenisches Spiel erdacht und auf Handzetteln festgehalten. Das Spiel soll so aussagekräftig sein, dass es dem Plenum später möglich ist die entsprechende Stufe der Geschäftsfähigkeit zu erkennen. Nachdem sich die Lernenden über die Beispiele und die Rollenverteilung einig geworden sind, üben sie. Dabei spielt jeder mit.

8. bis 11. Arbeitsschritt

Handzettel zum szenischen Spiel „Stufen der Geschäftsfähigkeit" (6. Arbeitsschritt)

1. Stufe: **Geschäftsunfähig**:
- Von der Geburt bis unter sieben Jahre
- Personen, die dauerhaft geisteskrank sind

Beispiel:

Eine Großmutter schenkt ihrem sechsjährigen Enkel zum Geburtstag 30,00 €. Davon kauft er sich ohne das Wissen (Einwilligung) seiner Eltern Spielzeug.

2. Stufe: **Beschränkt geschäftsfähig**:
- Alle Kinder und Jugendlichen zwischen sieben und 18 Jahren alt sind

Beispiel:

Ein 15-jähriger Junge erhält von seiner Patentante zum Geburtstag 50 €. Davon kauft er sich ein Videospiel, ohne dass seine Eltern im Voraus zugestimmt haben (Einwilligung). Dieser Kaufvertrag ist schwebend unwirksam. Erst wenn seine Eltern nachträglich zustimmen (Genehmigung), wird der Vertrag wirksam und er darf das Spiel behalten. Die Genehmigung kann auch stillschweigend erfolgen.

Hinweise zur beschränkten Geschäftsfähigkeit:

- Kauft ein 15-jähriger Junge das Videospiel von seinem Taschengeld, benötigt er die Zustimmung (weder Einwilligung noch Genehmigung) seiner Eltern nicht, da er über sein Taschengeld frei verfügen darf (§ 110 BGB):
Über die empfohlene Höhe des Taschengeldes informiert die Taschengeldtabelle der Jugendämter.

Diese Ausnahme gilt auch bei einem Arbeitsverhältnis, z. B. einem Ferienjob (§ 113 BGB), und wenn ein Minderjähriger eine Unternehmung leitet (§112 BGB), beispielsweise bei Erkrankung des Vaters als bisherigem Unternehmensleiter

3. Stufe: **Voll geschäftsfähig**:
- Alle Personen ab dem 18. Lebensjahr

Beispiel:

Ein 24-jähriger Student kauft sich ein Handy im Wert von 450,00 €. Der Vertrag ist voll gültig, d. h. rechtswirksam zustande gekommen.

Ein Tandem beginnt mit dem szenischen Spiel (z. B. Freiwillige, Losverfahren, …). Das Plenum muss so aufmerksam sein, dass es die korrekte Stufe der Geschäftsfähigkeit zuordnen und begründen kann. Erkennt das Plenum Fehler, macht es Verbesserungsvorschläge zur Korrektur und unterstützt das Tandem sinnvoll.

Für das Feedback formulieren die Lernenden Ich-Botschaften. Lassen Sie so viele Tandems vorstellen, wie Sie persönlich für das Verständnis der Lernenden als sinnvoll und notwendig erachten. Letztlich ist es die Aufgabe des Plenums herauszufinden, ob ein Auszubildender die Aktenvernichter eigenständig ordern darf:

Auszubildende dürfen Verträge schließen, d. h. die Aktenvernichter kaufen, sobald sie entsprechend bevollmächtigt wurden bzw. auf Anweisung hin handeln. In Einzelarbeit erstellt jeder Lernende einen Zeitstrahl über die Stufen der Geschäftsfähigkeit. Im Plenum werden die Ergebnisse vorgestellt. Eventuelle Fehler werden besprochen, sodass jeder Lernende seinen Zeitstrahl auf Richtigkeit überprüfen und gegebenenfalls korrigieren kann.

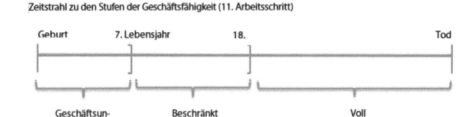

Zeitstrahl zu den Stufen der Geschäftsfähigkeit (11. Arbeitsschritt)

2.3 Lernaufgabe

Die Lernsituation geht darauf ein, welche Rechtsgeschäfte grundsätzlich zu unterscheiden sind und welche Formvorschriften der Gesetzgeber dafür vorsieht; danach setzen sich die Lernenden mit den Bestandteilen eines Kaufvertrages, d. h. dem Verpflichtungs- und Erfüllungsgeschäft, aus denen sich verschiedene Pflichten der Vertragspartner ableiten lassen, auseinander. Aus diesem Lehrer-Schüler-Gespräch entwickelt sich schließlich die Leitfrage:

Wie kommt ein rechtsgültiger Vertrag zustande?

1. bis 6. Arbeitsschritt

Das Lesen der Themen Rechtsgeschäft und Willenserklärung erfolgt in Einzelarbeit, ebenso das Erweitern des eigenen Glossars. Im dritten Arbeitsschritt gehen die Lernenden arbeitsteilig vor. Partner A informiert sich über das Zustandekommen von Verträgen sowie die Rechte und Pflichten aus einem Vertrag. Partner B setzt sich mit den Vertragsarten und ihren Bestandteilen sowie den Vertragspartnern auseinander. In Einzelarbeit vervollständigt jeder sein Glossar. Nachdem die Lernenden wieder Tandems gebildet haben, erklären sie sich gegenseitig die unbekannten Lerninhalte, beantworten sich Fragen und achten darauf, die Glossarinhalte auch schriftlich auszutauschen.

Fachbegriff	Erläuterung
Willenserklärung	Eine Willenserklärung liegt vor, wenn eine natürliche Person seinen Willen zum Ausdruck bringt. Dies kann mündlich, schriftlich oder durch schlüssiges Handeln erfolgen.
Schlüssig handeln	Schlüssiges Handeln bedeutet, dass eine Person stillschweigend ihren Willen zum Ausdruck bringt. Dabei handelt sie meist still, der Vertragspartner kann aus der Handlung jedoch den Willen ablesen, d. h., der Willen ist nach außen erkennbar. Beispielsweise kauft jemand drei Eis und gibt der Verkäuferin wortlos das Geld.

L2

Grundsatz der Vertragsfreiheit	Der Grundsatz besagt, dass jeder einzelne sein Leben durch Verträge gestalten kann, die er in der Form abschließen kann, wie er möchte (mündlich, schriftlich, durch schlüssiges Handeln). Die meisten Rechtsgeschäfte werden schriftlich abgeschlossen, da so nachweisbar ist, welche Vereinbarungen getroffen wurden.
Formzwang	Für bestimmte Rechtsgeschäfte schreibt der Gesetzgeber vor, dass eine bestimmte Form einzuhalten ist (Schriftform, öffentliche Beglaubigung, notarielle Beurkundung). Die Formvorschriften schützen die Beteiligten und dokumentieren wie wichtig ihre Willenserklärung ist.
Schriftform	Damit der Vertrag gültig wird, muss er von den Vertragspartnern persönlich, d. h. eigenhändig (durch Namensunterschrift) unterschrieben werden. (§ 126 BGB)
Öffentliche Beglaubigung	Die Unterschrift der Vertragspartner auf einem Vertrag muss durch einen Notar oder den Vertreter einer Behörde bezeugt werden. Dabei bestätigt die Beglaubigung nur die Echtheit der Unterschrift. Die Beglaubigung bezieht sich nicht auf den Inhalt des Vertrages. (§ 129 BGB)
Notarielle Beurkundung	Ein Notar bestätigt, dass die Vertragspartner nicht nur eigenhändig unterschreiben, sondern auch, dass sie den Inhalt des Vertrages verstanden haben. Somit bestätigt der Notar sowohl die Echtheit der Unterschrift als auch den Inhalt des Vertrages.
Rechtsgeschäft	Geschäfte, aus denen sich Rechtsfolgen ergeben. Beispielsweise kauft sich eine Person ein neues Handy. Daraus ergibt sich die Folge/Konsequenz, dass sie dieses auch zahlen muss.
Antrag	Die zuerst abgegebene Willenserklärung
Annahme	Eine Annahme liegt vor, wenn der Vertragspartner den Antrag akzeptiert, das entspricht der zweiten Willenserklärung.
Einseitiges Rechtsgeschäft	Indem eine einzige Person ihren Willen abgibt, entsteht ein gültiges Rechtsgeschäft. Beispiel: Kündigung eines Arbeitsvertrages
Empfangsbedürftiges Rechtsgeschäft	Die Formulierung der Willenserklärung eines Vertragspartners reicht für die Gültigkeit aus. Diese muss aber in den Herrschafts- bzw. Empfangsbereich des anderen gelangen. Dafür trägt der Vertragspartner Sorge, der die Willenserklärung abgibt, z. B. der Arbeitgeber bei einer Kündigung.
Nicht empfangsbedürftiges Rechtsgeschäft	Die Formulierung der Willenserklärung eines Vertragspartners reicht für die Gültigkeit aus. Wie bei einem Testament muss der betroffene Vertragspartner keine Kenntnis haben.
Herrschaftsbereich	Empfangsbereich einer natürlichen Person, z. B. der eigene Briefkasten
Mehrseitiges Rechtsgeschäft	Mindestens zwei Personen schließen einen Vertrag ab, z. B. Kaufvertrag. Die Vertragspartner müssen sich einig sein, da sonst kein Vertrag zustande kommt. Beispiel: Sie kaufen zu dem angegebenen Preis eine Tüte Popcorn, ein Arbeitgeber stellt eine Sekretärin ein, die mit Gehalt, Urlaub usw. einverstanden ist.
Einseitig verpflichtendes Rechtsgeschäft	Aus dem geschlossenen Vertrag ergeben sich lediglich Pflichten für einen der Vertragspartner, z. B. beim Schenkungsvertrag der Schenkende.
Mehrseitig verpflichtendes Rechtsgeschäft	Alle Vertragspartner haben Rechte und Pflichten. Meist resultiert aus der Leistung eines Partners die Leistung des anderen Vertragspartners.
Kaufvertrag	Stimmen Antrag und Annahme überein, d. h., unterbreitet ein Verkäufer z. B. ein Angebot und der Käufer akzeptiert dies, indem er bestellt, stimmen Antrag (Angebot) und Annahme (Bestellung) überein. Ein Vertrag ist zustande gekommen.
Verpflichtungsgeschäft	Legt die Pflichten der Vertragspartner fest.
Erfüllungsgeschäft	Werden die Pflichten tatsächlich umgesetzt, liegt das Erfüllungsgeschäft vor. Erfüllungs- und Verpflichtungsgeschäft sind zwei voneinander unabhängige Rechtsgeschäfte. Der Vorteil ist, dass das Festlegen der Pflichten und die Umsetzung mit zeitlichem Abstand (z. B. 3 Monate) erfolgen können.
Pflichten des Käufers	Verkaufte Ware übergeben, Eigentum an der Sache verschaffen, d. h. die Ware übergeben, Annahme des vereinbarten Kaufpreises Die Ware ist zur rechten Zeit, am rechten Ort, frei von Mängeln zu übergeben.
Pflichten des Verkäufers	Entsprechen den Pflichten des Käufers, ebenso umgekehrt. Daraus ergibt sich die Pflicht, die Ware anzunehmen und den vereinbarten Kaufpreis rechtzeitig und in der vereinbarten Form zu zahlen, z. B. per Überweisung, bar, …
Bürgerlicher Kauf oder Privatkauf	Zwei natürliche Personen schließen einen Kaufvertrag.
Zweiseitiger Handelskauf	Zwei Unternehmer schließen einen Kaufvertrag.
Einseitiger Handelskauf	Eine natürliche Person und ein Unternehmer schließen einen Kaufvertrag. Dabei ist der Verkäufer Unternehmer und der Käufer Verbraucher.
Sonstiger einseitiger Handelskauf	Eine natürliche Person und ein Unternehmer schließen einen Kaufvertrag. Dabei ist der Käufer Unternehmer und der Verkäufer Verbraucher.

L2

Zustandekommen eines Kaufvertrages

1. **Antrag (Bestellung)**

Verkäufer gibt die zweite Willenserklärung ab = Annahme (Lieferung)	**Käufer** gibt die erste Willenserklärung ab = Antrag (Bestellung)

2. **Annahme (Lieferung)**

1. **Antrag (Angebot)**

Verkäufer gibt die erste Willenserklärung ab = Antrag (Angebot)	**Käufer** gibt die zweite Willenserklärung ab = Annahme des Angebots (Bestellung)

2. **Annahme (Bestellung)**

Strukturbild – Rechte und Pflichten aus einem Vertrag (7. Arbeitsschritt)

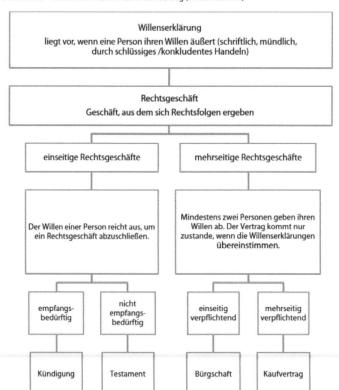

Tabelle über die Vertragspartner nach ihrer rechtlichen Stellung (8. Arbeitsschritt)

Käufer		Verkäufer		Kaufvertragsart
Verbraucher	+	Verbraucher	=	Bürgerlicher Kauf oder Privatkauf
Unternehmer	+	Unternehmer	=	Zweiseitiger Handelskauf
Verbraucher	+	Unternehmer	=	Verbrauchsgüterkauf oder einseitiger Handelskauf
Unternehmer	+	Verbraucher	=	Sonstiger einseitiger Handelskauf

L3

Tabellarische Übersicht der verschiedenen Vertragsarten (8. Arbeitsschritt)

Vertragsart	Vertragspartner und ihre Pflichten	Vertragsinhalt	Beispiel
Mietvertrag	Mieter: Bezahlung der vereinbarten Miete Vermieter: Überlassung der Sache in vertragsgemäßem Zustand	Entgeltliche Überlassung einer Sache zur Nutzung/zum Gebrauch	Herr Sommer (Mieter) mietet eine 2-Zimmer-Wohnung für private Zwecke von Herrn Clever (Vermieter) und zahlt dafür monatlich Miete.
Werkvertrag	Besteller: Annahme des beauftragten Werkes und Zahlung der vereinbarten Summe Unternehmer: Herstellung/Fertigung des Werkes	Herstellung eines Werkes gegen Bezahlung/Entgelt	Familie Wurm (Besteller) lässt sich bei einem Schreiner (Unternehmer) für ihr Wohnzimmer ein Bücherregal aus Holz anfertigen.
Dienstvertrag	Arbeitgeber: Bezahlung der vereinbarten Vergütung Arbeitnehmer: Verrichtung einer ihm angetragenen Arbeit	Leistung von Diensten gegen Bezahlung/Entgelt ohne Erfolgsgarantie	Maria Ewig (Arbeitnehmer) wird von der Büromöbel Hauser & Schulte GmbH als Kauffrau für Büromanagement eingestellt.
Kaufvertrag	Käufer: Annahme des Kaufgegenstandes und rechtzeitige Zahlung des Kaufpreises. Verkäufer: Übergabe des Kaufgegenstandes (zur rechten Zeit, am rechten Ort, mangelfrei)	Veräußerung von Gütern und Dienstleistungen gegen Bezahlung/Entgelt	Herr Schmidt (Käufer) kauft sich bei Autohändler Schnell (Verkäufer) ein neues Auto.

7. bis 10. Arbeitsschritt

Im 7. Arbeitsschritt arbeitet jeder für sich. Partner A stellt grafisch dar, wie Verträge zustande kommen. Partner B entwickelt ein Strukturbild zu den Rechten und Pflichten aus Rechtsgeschäften und darüber hinaus eine Tabelle der Vertragsarten, aus der sich die rechtliche Stellung der Vertragspartner ablesen lässt. Nachdem die Partner fertig sind, stellen sie sich ihre Arbeitsergebnisse vor und klären Fragen. Erst dann ergänzt jeder seine Unterlagen um die fehlenden Darstellungen.

11. bis 13. Arbeitsschritt

Drei Tandems setzen sich zusammen, tragen sich ihre Ergebnisse vor und vergleichen die Darstellungen. Gemeinsam optimieren sie die bisherigen Arbeitsergebnisse. Um eine ansprechende Präsentation zu halten, teilt sich die Gruppe die Arbeit, indem jeder einen gleichwertigen Part übernimmt. Die Gruppe berücksichtigt Beispiele und testet das Plenum mithilfe vorbereiteter Fragen, um das Plenum aktiv am Geschehen zu beteiligen und die Lerninhalte zu festigen. Nach der Präsentation tauschen sich die Lernenden aus, begründen Positives und nennen Verbesserungsvorschläge. Zum Abschluss ist jeder Lernende für eine korrekte Übertragung aller Darstellungen in seine Unterlagen verantwortlich.

2.4 Lernaufgabe – Reflexion des Lernzuwachses

Aufgrund der Relevanz für die Lernenden sollte zum Abschluss dieser Lernsituation die rechtliche Bedeutung von abgeschlossenen Verträgen unbedingt ausführlich besprochen, bzw. sich schriftlich damit auseinandergesetzt werden. Als Ausgangsbasis können Verträge dienen, die die Lernenden bereits abgeschlossen haben, wie den Ausbildungsvertrag, einen Handyvertrag, einen Versicherungsvertrag usw. Aufgrund dieser konkreten Beispiele kommen die Lernenden in ein Gespräch darüber, welche Rechte und Pflichten entstehen, welche Voraussetzungen gegeben sein müssen usw. Als Grundlage dient auch die Leitfrage:

Welche Bedingungen beachten Sie zum Abschluss eines rechtsgültigen Vertrages?

3 Lernsituation: Vertragsstörungen rechtsgültig behandeln

Nachdem sich die Lernenden in Lernsituation 13 bewusst geworden sind, welche Rechte und Pflichten aus einem Kaufvertrag resultieren, lernen sie nun die Folgen kennen, wenn ein Vertrag nicht wie vereinbart bzw. geschuldet erfüllt wird. Diese Konsequenzen können die Lernenden selbst geltend machen, falls ihnen bzw. ihrem Ausbildungsbetrieb gegenüber eine Leistung nicht wie geschuldet geleistet wird, oder sie bzw. der Betrieb stehen selbst in der Verpflichtung, falls ihrerseits eine Leistung nicht wie vereinbart erfolgt. Verschiedene Arten von nicht vertragsgemäßer Lieferung kennen die Lernenden sicherlich aus ihrem persönlichen Bereich und können über das Warm-up thematisiert werden.

Warm-up durchführen

Eine Umfrage unter den Lernenden, welche Fehler sie bei der Erfüllung von Verträgen bereits kennengelernt haben, führt zu den unterschiedlichsten Antworten und Beispielen. Dieser Einstieg, eventuell verbunden mit geäußertem Ärger, ist positiv, da sich aus dem persönlichen Interesse ein Engagement für die Erarbeitung von Lösungsmöglichkeiten ableiten lässt. Die Frage: „Welche Beispiele fallen Ihnen ein zu Vertragsstörungen mit Warenlieferungen?" wirkt unterstützend.

3.1 Lernaufgabe

Durch die Simulation einer vollständigen kaufmännischen Auftragsabwicklung erhalten die Lernenden nun die Auftragsbestätigung. Diese ist, wie bei allen Arbeitsschritten, zu prüfen, um selbst Fehler zu vermeiden und geeignet auf die Fehler des Verkäufers reagieren zu können. Wichtig ist an dieser Stelle, nochmals den Lernenden die Handlungsweise, des „Nichtstuns" zu verdeutlichen. Als Kaufmann bzw. sein Bevollmächtigter gilt das „Nichtstun", d. h. Stillschweigen, als Zustimmung. Bei der Fehlersuche hilft es zu wissen, welche Gründe zur Anfechtbarkeit bzw. Nichtigkeit eines Vertrages führen können, dabei leitet die Frage:

Wie erkennen Sie, ob ein Vertrag nichtig oder anfechtbar ist?

1. bis 8. Arbeitsschritt

Bei der Erschließung der Texte „Anfechtbarkeit" und „Nichtigkeit" gehen die Lernenden arbeitsteilig vor. Zu jedem Textabschnitt fertigt ein Partner alleine ein Strukturbild oder eine Mind-Map an. Unter Beantwortung offener Fragen stellen sich die Lernenden ihre Darstellungen gegenseitig vor und ergänzen danach ihre Unterlagen um die Informationen des Partners. Zu den einzelnen Gründen der Anfechtbar- bzw. Nichtigkeit finden die Lernenden gemeinsam Beispiele.

3. Lernsituation: Vertragsstörungen rechtsgültig behandeln

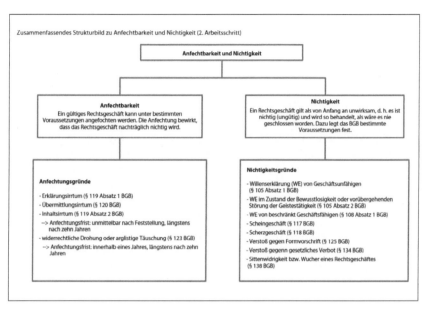

Zu je einem gefundenen Beispiel der Anfechtbarkeit und der Nichtigkeit entwickelt jedes Tandem ein anschauliches szenisches Spiel.

Die Vorführung muss so gelungen sein, dass das Plenum bestimmen kann, ob ein anfechtbares oder nichtiges Rechtsgeschäft gezeigt wurde.

Ablaufkarten zum szenischen Spiel (7. Arbeitsschritt)

Anfechtbarkeit

> Der Auszubildende sollte auf Anweisung seines Abteilungsleiters ein Angebot mit einem Produktpreis von 100,00 Euro an den Käufer senden. Statt 100,00 Euro pro Stück schreibt er jedoch 1.000,00 Euro. Die Übermittlung ist somit durch den Auszubildenden fehlerhaft erfolgt. (Übermittlungsirrtum)

> Ein sechsjähriger Junge verkauft seinen neuen Roller für 10 Euro an seinen Spielkameraden. Die Eltern verlangen den Roller zurück. (WE von Geschäftsunfähigen)

---

9. bis 11. Arbeitsschritt

Jeweils nachdem ein Tandem sein Spiel vorgeführt hat, bestimmt das Plenum, ob Anfechtbarkeit oder Nichtigkeit vorliegt. Jedes Tandem achtet selbst auf die Richtigkeit der Begründung und korrigiert eventuell. Nach erfolgter Feedbackrunde bestimmt das Tandem die nächsten Spielpartner und achtet darauf, dass keine identischen Beispiele gewählt.

3.2 Lernaufgabe

Sicherlich haben einige Schüler oder ihre Eltern, Freunde, … bereits einmal einen Gegenstand gekauft, der unmittelbar defekt war. Anhand dieser Beispiele können die unterschiedlichen Arten der Schlechtleistung angesprochen werden. Aufbauend auf diesen Berichten lässt sich erfragen, wie reagiert wurde. Im Alltag tauschen Unternehmen Ware häufig um, obwohl sie nicht dazu verpflichtet wären. Zum einen lassen sich nun Gründe finden, wie eine starke Kundenbindung, Imagepflege, Wettbewerbsvorteile usw., zum anderen die tatsächlichen Verpflichtungen der Unternehmen thematisieren. In diesem Zusammenhang ist es möglich, dass die Lernenden die Begriffe Garantie, Gewährleistung und Kulanz verwenden, deren Definition wie folgt lautet:

L3

Gewährleistung (Mängelhaftung). Aufgrund der Gewährleistung ist der Verkäufer dafür verantwortlich, eine mangelfreie Sache zu übergeben, er haftet für alle Mängel an der Ware, die bereits beim Kauf vorhanden waren, und auch für solche, die erst später bemerkt werden. Beim einseitigen Handelskauf wird zugunsten der natürlichen Person davon ausgegangen, dass die Ware schon bei Lieferung mangelhaft war, wenn der Fehler in den ersten sechs Monaten auftritt. In dieser Zeit muss der Verkäufer nachweisen, dass dies nicht der Fall war, falls er für den Mangel nicht aufkommen möchte. Nach sechs Monaten trägt der Käufer die Beweislast, d. h., er muss nachweisen, dass der Mangel bereits bei Übergabe bestand. Nach § 438 BGB beträgt die Gewährleistungsfrist 24 Monate. Bei gebrauchter Ware können die Vertragsparteien sich auf 12 Monate einigen.

Garantie. Die Garantie ist im Gegensatz zur Gewährleistung nicht gesetzlich vorgeschrieben. Vielmehr stellt die Garantie eine freiwillige Leistung dar, die der Verkäufer zusätzlich zur Gewährleistung übernimmt. Meist übernimmt der Hersteller der Ware die Garantie, die sich auf die Funktionsfähigkeit einzelner Teile oder der ganzen Ware bezieht. Das Garantieversprechen dient oftmals dazu, sich durch besondere Dienst- bzw. Serviceleistungen wie „Vor-Ort-Service", „24-Stunden-Service", … von der Konkurrenz zu unterscheiden. Für die Garantie ist es unerheblich, ob die Ware beim Kauf mangelfrei war.

Kulanz. Meist übernehmen die Hersteller freiwillig eine Garantie für ihre Ware, während die Händler (Verkäufer) die Gewährleistung gesetzlich übernehmen müssen. Übernimmt ein Hersteller oder Händler eine Serviceleistung, die nicht in seinem Garantieumfang enthalten ist, macht er dies aus Kulanz. Unter Kulanz ist das freiwillige Entgegenkommen bzw. eine Gefälligkeit eines Vertragspartners zu verstehen, zu der er gesetzlich nicht verpflichtet ist. Denkbar ist auch, dass ein Händler über die Gewährleistungspflicht oder -zeit hinaus Leistungen aus Kulanz anbietet. Aus dem Vergleich der Alltagserfahrungen entwickelt sich die Leitfrage:

Wie reagieren Sie auf eine mangelhafte Lieferung?

1. bis 7. Arbeitsschritt

Zunächst lesen alle Lernenden die Informationen zu Kaufvertragsstörungen am Beispiel der Schlechtleistung. Neue Fachbegriffe übernehmen sie in ihr Glossar und ergänzen die jeweilige Erklärung in ihren eigenen Worten.

Fachbegriff	Erläuterung
Mangelhafte Lieferung (Schlechtleistung)	Die gelieferte Ware ist nicht fehlerfrei, sondern hat Mängel. Es gibt verschiedene Arten von Mängeln.
Falschlieferung	Die gelieferte Ware hat die falsche Farbe oder die Qualität ist schlecht, …
Fehlerhafte Ware	Die gelieferte Ware ist beschädigt oder defekt.
Zuweniglieferung	Es wurde weniger geliefert, als der Käufer bestellt hat.
Falsche Werbeaussage	Der gelieferten Ware fehlt eine Eigenschaft, die aber beworben wurde, z. B. ein Autoradio, das laut Werbung auch MP3s abspielen soll, kann dies nicht.
Montagemangel	Die gelieferte Ware wurde vom Lieferanten oder einer vom Verkäufer beauftragten Person falsch zusammengebaut.
Falsche Montageanleitung (IKEA-Klausel)	Der gelieferten Ware lag eine Montageanleitung bei. Als der Käufer die Ware laut Anleitung montierte, hat er einen Fehler gemacht, weil der Arbeitsschritt in der Montageanleitung falsch beschrieben wird.
Rechtsmangel	Liegt vor, wenn dem Verkäufer die Ware nicht gehört, d. h., er nicht Eigentümer ist. Er darf die Ware in diesem Fall nicht verkaufen.
Nacherfüllung	Ist die Ware mangelhaft, dann hat der Käufer das Recht, dass der Verkäufer seine Pflicht auf Lieferung von mangelfreier Ware nachträglich wiedergutmacht, d. h. seinen Vertrag erfüllt.
Schadenersatz	Wiedergutmachung für entstandene Kosten

L3

Daraufhin erstellt jeder ein Organigramm zu den Reaktionsmöglichkeiten auf die Schlechtleistung.

Im nächsten Arbeitsschritt bilden die Lernenden Tandems, sodass sie sowohl ihre Glossare als auch Organigramme vergleichen und eventuelle Fehler verbessern können. Die Partner formulieren die Forderungen, die Herr Thommes an den Lieferanten stellen kann.

Danach verfassen sie eine schriftliche Mängelrüge, die sie Herrn Thommes übergeben können. Um ihren Vorgesetzten, in Form der Lehrperson, und das Plenum fachlich richtig informieren zu können, bereitet sich jedes Tandem auf eine Präsentation vor.

Ein Partner stellt die verfasste Mängelrüge vor, der andere begründet die auszusprechende Empfehlung über die Forderungen von Herrn Thommes. Dabei darf das Organigramm zur Verdeutlichung genutzt werden.

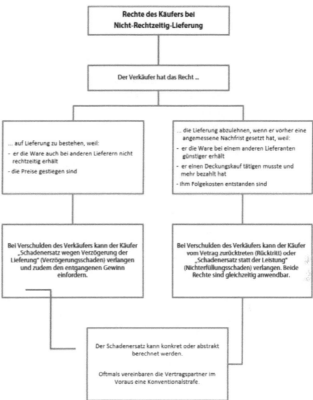

Organigramm über die Nicht-Rechtzeitig-Lieferung (4. Arbeitsschritt)

Nach der Erarbeitungsphase stellen sich die Lernenden ihre Handlungsprodukte vor und beantworten sich gegenseitig offene Fragen. Eventuelle Ergänzungen nehmen sie in ihren Unterlagen vor.

8. bis 11. Arbeitsschritt

Die Arbeitsergebnisse werden Herrn Thommes und dem Plenum vorgestellt. Rückfragen werden fachlich korrekt beantwortet. Sollten andere Tandems zu abweichenden Ergebnissen kommen, einigen sich die Lernenden. Herr Thommes als Vorgesetzter greift lediglich bei gravierenden Fehlern ein. Das Plenumsergebnis wird von jedem Lernenden schriftlich in seinen Unterlagen festgehalten und kann als Hilfe für die Hausaufgabe dienen.

Als Reaktionsmöglichkeiten von Herrn Thommes sind unterschiedliche Vorschläge denkbar, sodass auf eine korrekte Begründung zu achten ist. Wichtig ist dies insbesondere, wenn mehrere Lösungen im Plenum akzeptiert werden. Alternativ dazu kann sich das Plenum auf eine Reaktionsmöglichkeit einigen, da so die Begründung für alle gleichermaßen lautet und leichter in den Unterlagen festgehalten werden kann.

Mögliche Reaktionen von Herrn Thommes wären:

Vorrangige Reaktionsmöglichkeiten:

- Er fordert eine Ersatzlieferung der Aktenvernichter, da jeweils die Aufhängevorrichtung abgebrochen und dadurch eine Nutzung unmöglich ist.
- Er fordert sowohl Ersatzlieferung als auch Schadenersatz neben der Leistung, z. B. weil er bereits 15 Stück weiterverkauft hat. Diesen Liefertermin kann er aufgrund der defekten Ware nicht einhalten. Sein Käufer verzichtet auf die Lieferung der Aktenvernichter, sodass der Büromöbel Hauser & Schulte GmbH dieser Umsatz entgeht.

Nachrangige Reaktionsmöglichkeiten, falls die vorrangigen fehlgeschlagen sind bzw. keine Ersatzlieferung erfolgt ist:

- Herr Thommes muss zunächst eine Nachfrist setzen, da es sich um nicht geringfügige Mängel handelt. Ist diese ohne Reaktion vorüber, hat er das Recht vom Vertrag zurückzutreten und gleichzeitig Schadenersatz anstelle der Leistung, d. h. der Lieferung zu verlangen.
- Herr Thommes könnte aber auch vom Vertrag zurücktreten und Ersatz für vergebliche Aufwendungen fordern, falls er z. B. bereits ein exklusives Regal für den Ausstellungsraum gekauft hat, in dem er die Aktenvernichter präsentieren wollte.

12. Arbeitsschritt

Als Hausaufgabe fertigen die Lernenden eine normgerechte Mängelrüge mithilfe eines Textverarbeitungsprogrammes für ihre Geschäftsvorlage an, in der sie alle Gepflogenheiten des kaufmännischen Schriftverkehrs beachten. Dieses Dokument ist zu speichern und zusätzlich beispielsweise auf einem Stick mitzubringen.

Büromöbel

Hauser & Schulte GmbH

Büromöbel Hauser & Schulte GmbH · Postfach 1 23 · 54207 Trier

Büroshop – schnell und direkt GmbH
Birnbaumstraße 23
55252 Mainz

Ihr Zeichen:
Ihre Nachricht vom:
Kundennummer: <<Kundennummer>>
Unser Zeichen: mt-(Initiale des Schülers)
Unsere Nachricht vom:

Name: Markus Thommes
Telefon: 0651 487-1342
Telefax: 0651 487-1345
E-Mail: thommes@hauser-schulte.de
Internet: www.hauser-schulte.de

Datum: 16.07.20xx

Beanstandung Ihrer Lieferung vom XX.XX.XXXX
50 Aktenvernichter SCHREDDERCAT

Sehr geehrter Herr Brenner,

die heute eingetroffenen Aktenvernichter „SCHREDDERCAT" wurden unverzüglich geprüft.

Dabei wurde festgestellt, dass an allen Aktenvernichtern die Aufhängung der Auffangbehälter vollständig abgebrochen ist. Die Aktenvernichter sind aufgrund dieses Mangels nicht nutzbar und somit für uns unverkäuflich.

Übersenden Sie uns schnellstmöglich mangelfreien Ersatz. Die mangelhaften Aktenvernichter geben wir bei Ersatzlieferung zu unserer Entlastung an Sie zurück.

Bearbeiten Sie unsere Mängelrüge bitte unverzüglich, da für einen Teil der Lieferung bereits Käufer gefunden wurden.

Mit freundlichen Grüßen nach Mainz

Büromöbel
Hauser & Schulte GmbH

i. A. M. Thommes

Büromöbel Hauser & Schulte GmbH	Sparkasse Trier	Geschäftsführer	Steuer-Nr.: 10/201/0204/5
Balduinstraße 15	IBAN: DE67 2630 0000 0923 00	Nadine Hauser	USt-ID: DE 190453342
54290 Trier	BIC: RLade21NOH	Joachim Schulte	

L3

3.3 Lernaufgabe

Neben mangelhaften Lieferungen gehört es zum Alltag, dass Lieferanten zu spät oder überhaupt nicht liefern. Damit verletzten sie nicht nur eine Pflicht aus dem geschlossenen Kaufvertrag, sondern bringen den Käufer seinerseits eventuell in vertragliche Schwierigkeiten. Beispielsweise weil dieser die eingekauften Güter oder die Güter, die er mithilfe der gekauften Rohstoffe fertigen wollte, bereits weiterveräußert hat. Zum Verständnis der Lernenden trägt es bei, zu thematisieren, welche Konsequenzen sich aus einer Nicht-Rechtzeitig-Lieferung ergeben können. Zum einen agieren sie dann selbst im Unternehmen bei zu verkaufender Ware sensibler, zum anderen wird ihnen bewusst, dass sie selbst gegebenenfalls möglichst rasch einen Ersatzlieferanten finden müssen. Negative Folgen ergeben sich z. B. durch die Nichteinhaltung selbst geschlossener Kaufverträge, die zu Umsatzeinbußen und Konventionalstrafen führen können, zu einem Imageschaden gegenüber den Kunden, Produktionsausfall und eventuell unterbeschäftigten Mitarbeitern, die dennoch Lohnzahlung erwarten u. v. m. Aus diesen Gründen klärt die Leitfrage auf:

Wie reagieren Sie auf nicht eintreffende Warenlieferungen?

1. und 2. Arbeitsschritt

Die Texterschließung und die Erweiterung des Glossars erfolgt in Einzelarbeit.

Fachbegriff	Erläuterung
Nicht-Rechtzeitig-Lieferung (Lieferungsverzug)	Der Lieferant liefert nicht rechtzeitig (zu spät) oder überhaupt nicht.
Voraussetzungen des Lieferungsverzugs	1. Die Lieferung muss fällig sein. 2. Der Käufer muss die ausgebliebene Lieferung angemahnt haben. Dabei gilt keine Formvorschrift. 3. Den Lieferer muss ein Verschulden treffen (Vorsatz oder Fahrlässigkeit). Ein Verschulden des Lieferers liegt nicht vor, wenn die Ware wegen höherer Gewalt (Katastrophen, Unwetter, Streiks u. a.) zu spät eintrifft.
Fixkauf	Lieferung wurde zu einem festen Termin vereinbart. Der Lieferer hat das Recht. auf die Lieferung zu bestehen.
Konkrete Schadenersatzberechnung	Möglichkeit zur Berechnung des Schadenersatzes. Dabei wird eine genaue Berechnung vorgenommen, indem die Differenz zwischen dem ursprünglich zu zahlenden Preis und dem letztlich tatsächlich entrichteten Preis ermittelt wird.
Abstraktere Schadenersatzberechnung	Möglichkeit zur Berechnung des Schadenersatzes. Berücksichtigt neben dem konkret ermittelbaren Schaden noch den entgangenen Gewinn. Dabei wird von dem Gewinn ausgegangen, der unter normalen Umständen zu erwarten gewesen wäre.
Konventionalstrafe	Vertragsstrafe in Form einer Strafzahlung, die im Voraus zwischen den Vertragspartnern vereinbart wird, falls eine Partei ihren vertraglichen Verpflichtungen nicht nachkommt.
Nachfrist	Zeitspanne, die der Käufer dem Verkäufer zusätzlich einräumt, um seine Vertragsleistung, wie die Warenlieferung doch noch zu erbringen. Nachfristsetzung ist notwendig, bei Fixkauf, Zweckkauf, wenn Verkäufer endgültig nicht liefert.
Deckungskauf	Der Käufer tätigt aufgrund der nicht oder nicht rechtzeitigen Lieferung einen Ersatzkauf bei einem anderen Verkäufer.
Annahmeverzug	Der Käufer kommt seiner Pflicht zur rechtzeitigen Warenannahme nicht nach.
Nicht-Rechtzeitig-Zahlung (Zahlungsverzug)	Der Käufer kommt seiner Pflicht zur rechtzeitigen Bezahlung der Ware nicht nach.

3. bis 6. Arbeitsschritt

Die Lernenden schließen sich paarweise zusammen, um sich über die neuen Lerninhalte auszutauschen sowie ihre Glossare zu vergleichen und eventuell zu korrigieren. In arbeitsteiliger Vorgehensweise erstellt dann ein Partner ein Organigramm zur Nicht-Rechtzeitig-Lieferung während der andere die weiteren Kaufvertragsstörungen in Form einer MindMap aufbereitet. Die Arbeitsergebnisse werden ausgetauscht und die Darstellung des Partners in die eigenen Notizen übernommen.

Organigramm über die Nicht-Rechtzeitig-Lieferung (4. Arbeitsschritt)

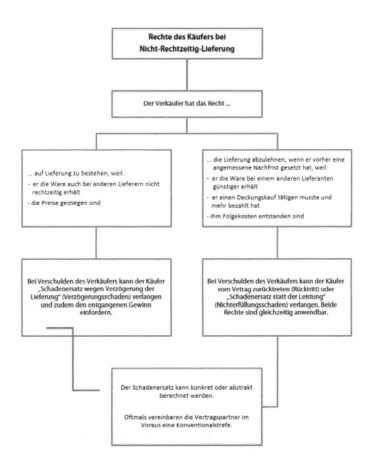

Mind-Map über die weiteren Kaufvertragsstörungen (4. Arbeitsschritt)

L3

7. bis 9. Arbeitsschritt

Die Lernenden bereiten sich auf eine Präsentation im Plenum vor, wobei jeder unter Zuhilfenahme der jeweiligen Darstellung die Lerninhalte seines Partners präsentiert. Das Plenum diskutiert über geeignete Darstellungsformen und gibt eine konstruktive Rückmeldung für die Präsentierenden. Diese beantworten Fragen korrekt. Zum Abschluss notiert jeder die Darstellungen aus dem Plenumsergebnis in seinen Unterlagen.

3.4 Lernaufgabe – Reflexion des Lernzuwachses

Vertragsstörungen gehören insbesondere für die Abteilungen Ein- und Verkauf zum Alltag. Sobald Auszubildende in diesen Bereichen eingesetzt sind und den entsprechenden Schriftverkehr bearbeiten sowie Kontakt mit den Geschäftspartnern ihres Ausbildungsbetriebes haben, stärkt es ihr Selbstbewusstsein, wenn sie sich fachlich sicher fühlen. Zudem wirkt es auf die Kollegen und Vorgesetzten positiv, wenn die Auszubildenden bereits über Fachwissen verfügen, welches lediglich an unternehmensspezifische Gegebenheiten anzupassen ist.

Aus diesem Grund ist es abschließend wichtig, dass insbesondere die Lernenden untereinander ins Gespräch kommen, um die in Lernsituation 14 erarbeiteten Inhalte zu reflektieren. Dabei geht es sowohl um die Fähigkeit, die unterschiedlichen Vertragsstörungen zu erkennen, als auch angemessene Reaktionen einzuleiten. Bei dieser Reflexion erleichtert die Leitfrage den Einstieg in die Diskussion:

Wie verhalten Sie sich bei identifizierten Vertragsstörungen?

4 Lernsituation: Ware annehmen, lagern und pflegen

Die im Lager eines Unternehmens anfallenden Arbeiten sind nicht nur wichtig, da Mängel aus Warenlieferungen unverzüglich reklamiert werden müssen, sondern auch für die Sicherstellung der Produktionsbereitschaft eines Unternehmens. Zudem werden im Lager häufig größere Unternehmenswerte aufbewahrt, sodass es auch zu den Aufgaben im Lager gehört, die Ware artgerecht, d. h. z. B. trocken, dunkel usw. aufzubewahren. Insbesondere beim Auspacken bzw. Umpacken der Ware fallen große Mengen Abfall, z. B. Umverpackungen, an. Wie mit diesen korrekt umzugehen ist, wird ebenfalls in der 15. Lernsituation thematisiert.

Warm-up durchführen

Die Frage „Welche Aufgaben erledigen Sie im Lager?" können am einfachsten die Lernenden beantworten, die in dieser Abteilung bereits eingesetzt sind oder waren. Den anderen kann der Einstieg in das Schüler-Lehrer-Gespräch erleichtert werden, indem Bezug auf die 14. Lernsituation genommen wird. Hierin ging es um Kaufvertragsstörungen, d. h. am Beispiel der Aktenvernichter um sichtbare Mängel. Zu den Aufgaben eines Kaufmannes gehört es, jeden Wareneingang sorgfältig zu prüfen, zunächst die Umverpackung, d. h. Warenprüfung von außen, dann die Ware an sich, d. h. Warenprüfung von innen. Danach entscheidet der Prüfende, ob die Ware mangelfrei ist oder eine Mängelrüge zu schreiben ist. Dann ist die Ware zu verräumen, d. h. im Lager an ihren Platz zu bringen, in der Lagerdatei zu erfassen usw.

4.1 Lernaufgabe

Die Lernaufgabe erweitert den Kenntnisbereich der Lernenden dahingehend, dass sie künftig auch wissen, dass bei mangelfreien Lieferungen der Auftrag nicht nach erfolgter Lieferung vollständig abgewickelt ist, sondern auch danach eine Menge fachbezogener Arbeit zu erledigen ist. Welche Aufgaben genau anfallen, wissen die Lernenden nach Beantwortung der Leitfrage:

Welche Tätigkeiten haben Sie bei der Warenannahme zu erledigen?

1. bis 3. Arbeitsschritt

Die Lernenden setzen sich einzeln mit den Inhalten zur Warenannahme auseinander und erweitern ihr Glossar um die Neuerungen. Im Tandem erstellen sie aus den neuen Lerninhalten eine „Checkliste zur Warenannahme". Dabei ist darauf hinzuweisen, dass diese, falls möglich, im Ausbildungsunternehmen eingesetzt werden könnte.

Fachbegriff	Erläuterung
Aufgaben der Warenprüfung	Qualität und Quantität der gelieferten Ware mit der bestellten Ware vergleichen. Notwendig, damit Käufer sein Recht auf Mängelrüge nicht verliert.
Unverzügliche Warenkontrolle	Kontrolle ohne schuldhafte Verzögerung
Spediteur	Eigenständiger Kaufmann, der Waren- bzw. Gütertransporte gewerbemäßig übernimmt. Meist schließt er einen entsprechenden Vertrag mit einem Transportunternehmen. Transportiert er selbst, liegt ein Selbsteintritt vor.
Frachtvertrag	Werkvertrag, der die Beförderung von Gütern gegen Entgelt festlegt
Frachtführer	Person, die die Fracht befördert. Sie trägt das Risiko auf Verlust oder Schäden an der Ware.

Äußere Warenprüfung	Prüfung der äußeren Beschaffenheit der Warenlieferung, z. B. Umverpackung, Karton usw.
Frachtbrief	Beweisurkunde über den geschlossenen Frachtvertrag
Begleitpapiere	Papiere, die der Ware bei Lieferung beiliegen, z. B. Lieferschein, Frachtbrief, …
Mengenerfassung	Prüfung, ob die gelieferte Menge mit der bestellten Menge übereinstimmt
Collis	Packstücke
Schadensprotokoll	Tatbestandsaufnahme bei mangelhafter Warenlieferung. Wird in Anwesenheit des Frachtführers ausgefüllt.
Innere Warenprüfung	Vor der Warenprüfung muss die Ware ausgepackt werden. Dies muss unverzüglich erfolgen. Es ist zu prüfen, ob die gelieferte Ware der bestellten Ware entspricht, z. B. mithilfe der Artikelnummer.

4. bis 8. Arbeitsschritt

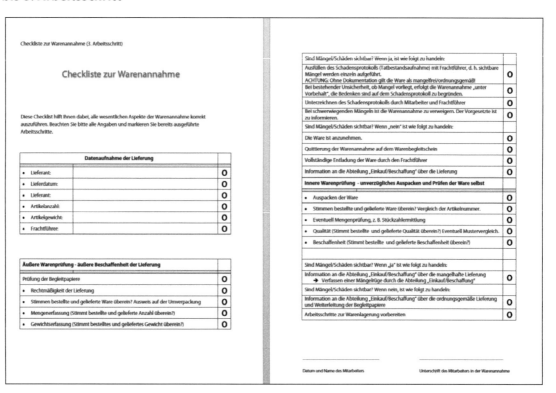

Die Lernenden bilden Zweier-Tandems und stellen sich gegenseitig ihre Checklisten vor. Unklarheiten werden besprochen, die Ideen aus dem Partnertandem wertgeschätzt. Gemeinsam erarbeiten die Lernenden eine Checkliste, mit der alle Mitglieder der Gruppe einverstanden sind. Bei der Präsentation im Plenum übernimmt jeder eine Aufgabe, sodass sich die Lernenden vorbereiten müssen. Das Los entscheidet mindestens darüber, welches Zweier-Tandem beginnt. Rückfragen werden korrekt beantwortet und begründet. Gemeinsamkeiten und Unterschiede aus den Checklisten werden diskutiert.

9. bis 14. Arbeitsschritt

Die nächsten Arbeitsschritte sind in Absprache mit den Lernenden abzuwägen. Der tatsächliche Einsatz der von den Lernenden entwickelten Checklisten ist eine positive Bestätigung für die Arbeit und Bemühungen der Auszubildenden. Jedoch ist es denkbar, dass nicht alle Ausbildungsbetriebe über ein eigenes Lager verfügen oder einer Anwendung der Checkliste zustimmen. Rücksprache mit den verantwortlichen Personen im Unternehmen zu halten, kann eine große Hürde für die Lernenden darstellen. Je nach Sachlage sollte diese Situation im Unterricht thematisiert und der Gesprächsablauf simuliert werden, sodass sich die Lernenden sicherer fühlen.

Falls Ausbildungsunternehmen mit einem „Realitätstest" einverstanden sind, bringen die Lernenden die abschließende Checkliste in eine optisch ansprechende Version, die im Unternehmen vorgezeigt werden kann. Bei einer konkreten Warenannahme füllen die Lernenden ihre Checkliste aus. Sollten bereits Checklisten im Unternehmen vorhanden sein, vergleichen sie ihre eigene Version mit dieser und heben Gemeinsamkeiten und Unterschiede hervor. Falls gestattet, bringen sie die Unternehmensversion mit in den Unterricht. Für die nächste Unterrichtsstunde ist jeder Lernende darauf vorbereitet, seinen „Realitätstest" und die gemachten Erfahrungen zu beschreiben. Die Ergebnisse und Erlebnisse werden diskutiert, die unternehmensinternen Checklisten mit den Versionen der Lernenden verglichen. Danach werden die erarbeiteten Diskussionsergebnisse schriftlich festgehalten.

4.2 Lernaufgabe

Unabhängig davon, wie der berufliche Alltag der Lernenden künftig aussehen wird, in irgendeiner Weise wird ihnen die Aufbewahrung von Ware begegnen, sei es die Lagerung von Büromaterial, Nahrungsmitteln, Kleidung usw. Jegliche Ware, die im Unternehmen verwendet oder verkauft wird, muss, zumindest kurzzeitig, hinterlegt werden. Dass nicht jede Ware gleich gelagert werden kann, ist den Lernenden bewusst. Diese Informationen werden durch die Bearbeitung der Leitfrage erweitert, die bereits Bekanntes fachspezifisch vertieft:

Wo und wie wird Ware artgerecht gelagert?

1. bis 4. Arbeitsschritt

Die Lernenden teilen sich die Texterschließung. Ein Partner übernimmt zwei Textabschnitte (Aufgaben der Lagerhaltung sowie Lagerzonen), der andere hat nur einen Textteil zu lesen (Grundsätze der Lagerhaltung. Aufgrund des Textumfanges gleicht sich der Arbeitsaufwand jedoch aus. Zu den jeweiligen Abschnitten erstellt jeder eine Mind-Map, die die wesentlichen Informationen übersichtlich darstellt. Gegenseitig stellen sich die Lernenden ihre Mind-Maps vor und beantworten offengebliebene Fragen. Danach erstellen sie miteinander eine Anleitung zur korrekten Warenaufbewahrung. Auch diese könnte theoretisch wieder im Ausbildungsunternehmen angewendet werden, sodass die Lernenden sorgfältig arbeiten.

MindMap: Lagerzonen (2. Arbeitsschritt)

MindMap: Lagerzonen (2. Arbeitsschritt)

L4

MindMap: Grundsätze der Lagerhaltung (2. Arbeitsschritt)

Anleitung zur Warenaufbewahrung

Lageraufteilung nach Lagerzonen
Innerhalb des Lagers sind die nachstehenden Bereiche zu unterscheiden:

- Warenannahme (Ausladen)
- Warenkontrolle
- Entfernen der Umverpackung (Auspacken)
- Umpacken der Ware
- Lagerung der Ware
- Lieferung zusammen- und bereitstellen

Die jeweilige Zone ist für die entsprechenden Waren reserviert. Bitte blockieren Sie diese Bereiche nicht, um einen reibungslosen Arbeitsablauf zu gewährleisten.

Lagerorganisation
- Schwere Ware: in Bodennähe
- Häufig verkaufte Ware: leicht zugänglich:
- Große Ware: gabelstaplergeeignete Bereiche

Lagermethoden (zur Verräumung der Ware)
- LiFo: Regal von vorne auffüllen, d. h. neue Ware vor alte Ware räumen
    → Ältere Ware rutscht nach hinten → nur bei unverderblicher Ware anwenden
- FiFo: Regal von hinten auffüllen, d. h. neue Ware hinter die alte Ware räumen
    → Ältere Ware steht am Anfang des Regals → wichtig bei verderblicher Ware

Lagerbedingungen/artgerechte Grundsätze
- Achten Sie auf gute Durchlüftung zur Vermeidung von Feuchtigkeit:
    → Holz, Tabak, Bücher
- Achten Sie auf eine gleichbleibende Kühlung zur Vermeidung von Geschmacksannahme
    → Lebensmittel
- Achten Sie auf eine gleichbleibende Temperatur ohne Überhitzung und Lichteinfall zur Vermeidung des Ausbleichens der Farbe, Schmelze usw.
    → technische Geräte, Kleidung, Leder
- Schutz der Ware durch Verpackung, Abdeckung zur Vermeidung von Staub, Schmutz usw.
    → technische Geräte, Kleidung
- Schutz vor Schädlingen
    → Holzwurm, Schimmel, Motten
- Unterbrechen Sie nie die Kühlkette, da sonst kein Verkauf mehr möglich ist!
    → Tiefkühlkost

Lagerstandort innerhalb des Lagers
- Feste Lagerplatzzuordnung:
    Sortieren Sie die neue Ware zur gleichen alten Ware (Gleiches zu Gleichem)
- Dynamische Lagerplatzzuordnung:
    Nutzen Sie freien Lagerplatz und sortieren Sie die Ware dort ein, wo genügend Raum ist
- Führen Sie die Lagerkarte gewissenhaft. Vermerken Sie Gefahrenstoffe, Beschränkungen usw., um Zwischenfälle zu vermeiden.
- Prüfen Sie ständig die Warenqualität, so helfen Sie dabei die Lagerhaltungskosten zu senken.

5. bis 8. Arbeitsschritt

Je zwei Tandems schließen sich zusammen, um sich über ihre Anleitungen auszutauschen. Gemeinsamkeiten und Unterschiede werden besprochen und Fehler gemeinsam korrigiert. Eine der Anleitungen wird ausgewählt oder eine neue wird erstellt, mit der alle Gruppenmitglieder einverstanden sind. Bei der folgenden Präsentation ist jeder beteiligt, sodass sich die Lernenden über ihre Vorgehensweise und Lerninhalte absprechen. Das Los entscheidet, wer präsentiert. Die Feedbackrunde dient insbesondere dazu, den Sinn bzw. die Anwendbarkeit der Anleitungen zu hinterfragen und dadurch zu verbessern. Eventuell kommen die Lernenden zu dem Ergebnis, dass nicht jede Anleitung gleich gut für jedes Unternehmen zu verwenden ist. Diese Schlussfolgerung ist korrekt. Aus diesem Grund sind die individuellen Anleitungen auf Richtigkeit zu prüfen. Jeder Lernende hält seine Anleitung schriftlich in seinen Unterlagen fest und prüft, ob er eine Möglichkeit hat, diese einmal einem Praxistest zu unterziehen.

4.3 Lernaufgabe

Wenn noch nicht aus ihrem beruflichen Alltag, so wissen die Lernenden aus ihrem privaten Bereich, dass einige Güter aufwendig verpackt sind und dadurch eine große Müllmenge entsteht. Unternehmen haben im Sinne des ökologischen Prinzips eine gesetzlich vorgeschriebene Verantwortung zum Umgang mit Kartonagen, Füllmaterial usw. In der nächsten Lernaufgabe setzen sich die Lernenden konkret mit der Entsorgung von Verpackungsabfällen auseinander. Zudem üben sie die Fertigkeiten, ein Referat sowohl vorzubereiten als auch zu präsentieren. Die fachliche Grundlage erarbeiten sie sich über die Leitfrage:

Was macht ein Unternehmen mit den vielen Verpackungen?

1. bis 3. Arbeitsschritt

Zunächst informieren sich die Lernenden über die Vorgehensweise, ein Referat zu halten und informieren sich zum Thema der Leitfrage, beispielsweise anhand von Büchern oder dem Internet. Nachdem sich die Lernenden für ein konkretes Thema bzw. einen Teilbereich entschieden haben, erstellen sie mithilfe von Formatvorlagen ihr Referat und zitieren dabei korrekt. Da die Lernenden im Folgenden Gruppen bilden, ist es sinnvoll, dass sie zueinander passende Teilthemen bearbeiten.

4. bis 10. Arbeitsschritt

In der zu bildenden Gruppe fügen die Lernenden ihre Referate so zusammen, dass ein anschaulicher und sinnvoller Vortrag daraus wird. Unterstützend und zur besseren Nachvollziehbarkeit erstellen sie einen Programmablauf. Die Gruppe wählt einen Sprecher und übt die Übergänge von einem Vortragenden zum nächsten. Ihr Ergebnis stellen sie im Plenum vor, nehmen konstruktive Kritik entgegen und verbessern mögliche Fehler in ihren Unterlagen. Anhand des Bewertungsrasters hat das Plenum die Möglichkeit, die Präsentation mit Punkten zu bewerten. Das Raster dient den Vortragenden aber auch ebenso als Instrument der Selbstreflexion.

Die Schülerergebnisse werden sehr vielfältig ausfallen, sodass an dieser Stelle auf die Darstellung eventueller Lösungsmöglichkeiten verzichtet wird.

4.4 Lernaufgabe

Am Ende der 15. Lernsituation ist die Sensibilität der Lernenden für den Umgang mit eingekauften und zu lagernden Gütern gestiegen. Zum einen, da ihnen bewusst geworden ist, dass die gelagerten Güter gebundenes Kapital des Unternehmens ist, zum anderen, da sie erkennen konnten, wie wichtig die im Lager anfallenden Arbeiten für reibungslose Abläufe im Unternehmen sind. Dies soll als Ausgangsbasis dafür dienen, um eine abschließende Reflexion darüber einzuleiten, wie sich die Einstellung der Lernenden gegenüber den anfallenden Lagerarbeiten und den damit beschäftigten Mitarbeitern verändert hat. Während sich die Lehrperson soweit als möglich zurückhält, dient die Leitfrage als Anstoß für die Diskussion bzw. zur Verschriftlichung des persönlichen Lernzuwachses:

Wie verhalten Sie sich bei Lagerprozessen angemessen und realisieren zudem Verbesserungsmöglichkeiten?

5 Lernsituation: Rechnungen kontrollieren und Zahlungen abwickeln

Die letzte Lernsituation schließt den Arbeitsprozess durch die Bezahlung der Rechnung ab. Dazu informieren sich die Lernenden über die unterschiedlichen Zahlungsalternativen und errechnen letztlich sowohl den Bezugspreis der Aktenvernichter als auch den Verkaufspreis, den die Büromöbel Hauser & Schulte GmbH verlangen muss, um nicht nur kostendeckend, sondern gewinnerwirtschaftend zu agieren.

Warm-up durchführen

Die zu ergänzende Darstellung des Warm-up fragt die Lernenden nach ihnen bekannten Zahlungsmöglichkeiten. Jeder Lernende ist bereits Teilnehmer am wirtschaftlichen Leben und kann aufzählen und berichten, wie er beispielsweise im Geschäft zahlt, auf welche Art er seine Handyrechnung oder den Beitrag im Fitnessclub begleicht usw. Den Einstieg erleichtert die Frage: „Welche Zahlungsmöglichkeiten sind Ihnen bekannt?"

5.1 Lernaufgabe

Die Zahlung der Rechnung ergibt sich bei der kaufmännischen Auftragsabwicklung aus der verbleibenden Pflicht des Kaufvertrages. An dieser Stelle bietet es sich an, die Rechte und Pflichten aus einem Kaufvertrag aufzugreifen, um die Lernenden auf die fehlende Erfüllung hinzuweisen. Eine ausbleibende Zahlung führt zu einem Zahlungsverzug für den Käufer und führt nicht nur zu anfallenden Zins- und eventuell Mahnkosten, sondern wirft auch ein schlechtes Licht auf die Unternehmung. Nicht jede Zahlungsart ist jedoch gleich gut geeignet, z. B. weil sie arbeitsintensiv und teuer ist oder vom Verkäufer nicht akzeptiert wird. Um die sinnvollste Alternative anzuwenden, verschaffen sich die Lernenden einen Überblick über die Zahlungsmöglichkeiten, wobei sie die Leitfrage unterstützt:

Welche Möglichkeiten haben Sie, eine Rechnung zu begleichen?

1. Arbeitsschritt

Die Lernenden erfassen die Informationen über Zahlungsalternativen in Einzelarbeit. Neue Fachbegriffe übernimmt jeder in sein Glossar und ergänzt die entsprechenden Erklärungen in seinen Worten, sodass er sich die Inhalte leichter einprägen kann.

Fachbegriff	Erläuterung
Barzahlung	Die Zahlung erfolgt mithilfe von Scheinen (Banknoten) und Münzen. Weder Käufer noch Verkäufer brauchen ein Konto.
Quittung	Schriftlicher Beleg/Nachweis über eine erfolgte Zahlung bzw. die Übergabe von Bargeld
Gesetzliches Zahlungsmittel	Der Empfänger einer Zahlung ist gesetzlich dazu verpflichtet, diese Art der Zahlung zu akzeptieren. In Deutschland sind Banknoten ein unbeschränktes gesetzliches Zahlungsmittel. Münzen sind ein begrenztes gesetzliches Zahlungsmittel, da nicht mehr als 50 Münzen angenommen werden müssen.
Unbegrenztes gesetzliches Zahlungsmittel	In Deutschland: Banknoten
Begrenztes gesetzliches Zahlungsmittel	In Deutschland: Münzen (maximal 50 Stück)
Halbbare Zahlung	Entweder Käufer oder Verkäufer nutzt zur Begleichung der Rechnung ein Konto.
Scheck	Anweisung an eine Bank, eine bestimmte Summe an den Zahlungsempfänger zu übermitteln. Die Anweisung steht auf einem Vordruck.
Barscheck	Der Zahlungsempfänger erhält bei der Bank des Scheckausstellers Bargeld. Dazu legt er die Anweisung auf Auszahlung, d. h. den Scheck am Schalter vor. Bei Auszahlung wird das Konto des Scheckausstellers belastet, sodass der Zahlungsempfänger das Geld nur bei der Bank erhält, bei der der Scheckaussteller sein Konto führt.
Verrechnungsscheck	Ein Verrechnungsscheck gehört zu den unbaren Zahlungsalternativen. Er darf nicht wie der Barscheck ausgezahlt werden, sodass der Zahlungsempfänger den Scheck seiner Bank vorlegen darf. Diese übermittelt den Scheck (mittlerweile elektronisch) an die Bank des Zahlungspflichtigen. Diese folgt der Anweisung und überweist der Bank des Zahlungsempfängers den Betrag, der dann dessen Konto gutgeschrieben wird.
Postnachnahme	Bei Zahlung mithilfe der Postnachnahme ist es notwendig, dass der Verkäufer ein Konto bei der Postbank hat. Die Warenlieferung erfolgt als Nachnahme. Der Käufer zahlt bei Lieferung den Betrag in bar an den Postboten, der eine Quittung ausstellt und das Geld später auf das Konto des Verkäufers bei der Postbank einzahlt. Es können Zahlungen bis höchstens 1.600,00 € vorgenommen werden.
Zahlschein	Ein Zahlschein ist ein Vordruck mit dessen Hilfe Bareinzahlungen auf ein Konto vorgenommen werden können. Jede Bank hat ihre eigenen Zahlscheine. Das Original des Zahlscheins bleibt bei der Bank, der Durchschlag dient dem Einzahler als Quittung.
Überweisung	Der Vordruck des Zahlscheins stimmt mit dem Vordruck einer Überweisung überein. Bei einer Überweisung handelt es sich um eine unbare Zahlung, d. h. Zahlungspflichtiger und -empfänger benötigen ein Konto. Der zu zahlende Betrag wird mithilfe von „unsichtbarem" Geld, dem Buchgeld ausgeglichen. Eine Überweisung kann der Zahlungspflichtige nur bei seiner eigenen Bank veranlassen. Anhand des Überweisungsauftrages erteilt der Zahlungspflichtige seiner Bank die Anweisung, von seinem Konto Geld abzubuchen. Hat der Empfänger sein Konto auch bei dieser Bank, erfolgt sofort die Gutschrift. Wenn nicht, muss die Bank des Auftraggebers die Bank des Empfängers informieren, dass eine Gutschrift erfolgen soll, mit Betrag, Kontonummer, Empfänger und Verwendungszweck, d. h. dem „Betreff" einer Überweisung. Die Bank des Zahlungsempfängers schreibt diesen Betrag daraufhin mit der Angabe von Auftraggeber und Verwendungszweck gut.
Einzugsermächtigung	Zahlungsalternative, die in der Abwicklung umgekehrt zur Überweisung erfolgt. Der Käufer stimmt zu, dass die Bank des Verkäufers von seinem Konto Geld belastet. Diesen Betrag schreibt sie dann dem Konto des Verkäufers gut. Diese Zahlungsalternative ist geeignet, wenn Zahlungen regelmäßig anfallen, die Beträge aber unterschiedlich sein können, wie die Telefonrechnung.
Dauerauftrag	Ein Dauerauftrag ist eine regelmäßig, d. h. wöchentlich, monatlich, vierteljährlich, jährlich, … ausgeführte Überweisung. Der Zahlungsempfänger erteilt aber nur einmal den Auftrag dazu, seine Bank kümmert sich dann um die regelmäßige Ausführung. Der Dauerauftrag wird genutzt, wenn immer der identische Betrag zu zahlen ist (Miete, Taschengeld, …). Wird ein Kaufvertrag über einen Dauerauftrag beglichen, wird die gesamte Kaufsumme auf gleichhohe Teilbeträge aufgeteilt.

2. bis 7. Arbeitsschritt

Nachdem sich jeder Lernende einen Partner gesucht hat, vergleichen sie zunächst ihre Glossars und korrigieren eventuelle Fehler. Die kennengelernten Zahlungsalternativen strukturieren die Lernenden gemeinsam, sodass letztlich ein übersichtliches Schaubild entsteht. Anhand der Übersicht fällt es den Lernenden leichter, die Zahlungsalternative herauszufinden, die die Hauser & Schulte GmbH zur Begleichung der Rechnung wählen sollte. Nachdem sich die beiden Lernenden entschieden haben, halten Sie ihre Begründung schriftlich in ihren Unterlagen fest.

L5

Aufgrund des Gelernten erstellen die beiden Partner gemeinsam eine Präsentation. Jeder ist beteiligt, da sowohl das Schaubild als auch die gewählte Zahlungsalternative mit Begründung vorzustellen ist. Die Partner stellen im Plenum ihre Arbeitsergebnisse vor und beantworten Fragen der anderen Lernenden.

Abschließend diskutieren sie gemeinsam, falls die jeweiligen Tandems unterschiedliche Zahlungsalternativen ausgewählt haben. Wichtig ist es hier, auf die korrekte Begründung der Entscheidung zu achten und gegebenenfalls mithilfe des Plenums zu berichtigen. Im Regelfall einigt sich das Plenum auf die Zahlungsalternative der Überweisung und der Einzugsermächtigung. Die Merkmale und somit auch die Begründung halten die Lernenden schriftlich in ihren Unterlagen fest. Einigt sich das Plenum auf eine andere Zahlungsalternative, so ist dies zu begründen.

8. Arbeitsschritt

Die korrigierten Handlungsprodukte hält jeder in seinen Unterlagen fest.

5.2 Lernaufgabe

Hat ein Unternehmen die Absicht Gewinn zu erzielen, so ist es nicht nur daran interessiert, einen möglichst geringen Bezugspreis zu zahlen, sondern muss in den zu ermittelnden Verkaufspreis verschiedene Faktoren einrechnen, wie den Handlungskostenzuschlag. Dieser Zuschlag berücksichtigt alle Kosten, die entstehen, um ein Unternehmen handlungsfähig zu machen usw. Darüber hinaus möchte das Unternehmen Gewinn erzielen. Um konkurrenzfähig zu sein, darf der berücksichtigte Gewinnzuschlag nicht zu hoch sein, aber auch nicht zu niedrig, sodass sich die unternehmerische Tätigkeit auszahlt. Bei der Ermittlung sowohl des Bezugs- als auch des Verkaufspreises hilft ein Schema, welches die Lernenden in der nachstehenden Lernaufgabe kennenlernen und sowohl handschriftlich als auch mithilfe von Excel anwenden. Konkret beantworten sie damit die Leitfrage:

Zu welchem Preis wird der Aktenvernichter verkauft?

1. Arbeitsschritt

Jeder Lernende setzt sich mit der Ermittlung des Nettoverkaufspreises, auch als Warenhandelskalkulation bezeichnet, auseinander. Dazu liest er den Text und erweitert sein Glossar um die neuen Fachbegriffe.

Strukturbild der Zahlungsalternativen (3. Arbeitsschritt)

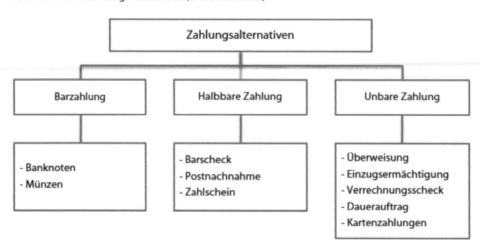

Vorschläge zur gewählten Zahlungsalternative aus Arbeitsauftrag 4:

Überweisung, weil

- bargeldlose Zahlung notwendig, da sich die Vertragspartner an unterschiedlichen Orten befinden (Verkäufer: Mainz; Käufer: Trier)
- Nachweis der Zahlung über Kontoauszug möglich. Der Durchschlag des Überweisungsvordruckes bestätigt nur, dass Zahlung in Auftrag gegeben wurde.
- kurze Dauer: in der Regel zwei Arbeitstage
- kein Risiko, dass Bargeld verloren geht, z. B. auf dem Weg zu Bank, bei Bargeldversendung per Post
- Geringer Aufwand, da Überweisung online ausgeführt werden kann
- Skontoausnutzung möglich, da Zahlungszeitpunkt vom Käufer bestimmt wird
- besonders sinnvoll, wenn nur eine einmalige Zahlung zu erfolgen hat

Einzugsermächtigung, weil

- geringer Aufwand für die Büromöbel Hauser & Schulte GmbH, da der Verkäufer (Zahlungsempfänger) den Rechnungsbetrag über seine Bank einziehen lässt
- die Büromöbel Hauser & Schulte GmbH auf ausreichende Kontodeckung achten muss, dann kann sie sich aber sicher sein, dass die Zahlung erfolgt
- sinnvoll, falls die Büromöbel Hauser & Schulte GmbH öfter Ware bei diesem Lieferanten kauft

<u>Hinweis</u>

Das Manual „Die Kartenzahlung als Zahlungsalternative" dient der vertiefenden Information. Eine gesonderte Lernaufgabe wurde nicht erstellt.

Fachbegriff	Erläuterung
Handelsbetrieb	Mehrproduktunternehmen
Bezugspreis	Preis, in dem alle anfallenden Nebenkosten berücksichtigt sind
Kalkulieren	Berechnen
Liefererrabatt	Prozentualer Abzug (Preisnachlass) vom Listeneinkaufspreis
Zieleinkaufspreis	Preis, der sich nach Abzug des Liefererrabatts errechnet und zu zahlen ist, wenn dem Händler ein Zahlungsziel eingeräumt wird.
Bareinkaufspreis	Preis, wenn der Käufer die Ware beim Lieferer abholt und sofort zahlt, d. h. kein Zahlungsziel ausnutzt. Errechnet sich somit aus Zieleinkaufspreis abzüglich Liefererskonto.
Bezugskosten	Kosten, die für die Beschaffung der Ware anfallen, z. B. Transportkosten, Verpackung, Transportversicherung, …
Bezugspreis	Preis, den der Händler für den Einkauf der Ware insgesamt zahlen muss.
Handlungskosten	Kosten, die dafür anfallen, dass der Händler überhaupt Geschäfte betreiben kann, d. h. Kosten für Personal, Miete, Heizung, Strom, usw. Werden zum Bezugspreis addiert, sodass sich der Selbstkostenpreis des Händlers ergibt.
Selbstkostenpreis	Preis, den der Händler zahlen/aufwenden muss, bis er die Ware zum Verkauf anbieten kann.

Kapitalanlage	Anlegen von Geld in ein Finanzprodukt mit dem Ziel, Zinsen zu erwirtschaften, z. B. Festgeld, Tagesgeld, Sparbuch mit dreimonatiger Kündigungsfrist, …
Gewinnzuschlagssatz	Anteil am Selbstkostenpreis, der den Gewinn des Händlers darstellt. Dieser Prozentsatz wird mit dem Selbstkostenpreis multipliziert, damit der Gewinnzuschlag errechnet werden kann.
Barverkaufspreis	Preis, den der Händler verlangt, wenn er die Ware verkauft und die Ware sofort bezahlt wird. Enthalten sind alle Nebenkosten und der angestrebte Gewinn.
Kundenskonto	Kaufanreiz für den Kunden, da Skonto zu einer Preisminderung (Nachlass) führt, wenn er nicht das gesamte Zahlungsziel, z. B. von 30 Tagen, ausnutzt, sondern früher bezahlt.
Kundenrabatt	Preisnachlass, den der Händler seinem Kunden gewährt, z. B. weil dieser eine große Menge kauft (Mengenrabatt), langjähriger Kunde ist (Treuerabatt) usw.
Zielverkaufspreis	Preis, den der Kunden zu zahlen hat, wenn er die Ware nicht sofort bezahlt, sondern das gesamte Zahlungsziel, z. B. 30 Tage, ausnutzt und am spätestensmöglichen Termin seine Rechnung begleicht.
Listenverkaufspreis	Zielverkaufspreis, erhöht um den möglichen Kundenrabatt. Letztlich also der Preis, von dem der Käufer alle Nachlässe abziehen kann oder den er netto zahlt, wenn er keine Rabatte und Skonti in Anspruch nimmt.

2. und 3. Arbeitsschritt

Die Lernenden bilden Tandems. Danach vergleichen sie ihre Glossars und verbessern gefundene Fehler. Gemeinsam entwickeln sie mithilfe des Manuals und der eingefügten Rechenwege ein allgemeines Schema, wie der Nettoverkaufspreis der Aktenvernichter ermittelt wird.

Allgemeines Kalkulationsschema		Angewendetes Kalkulationsschema	
Rechenweg	**Bezeichnung**	**Rechenweg**	**Betrag in €**
	Listeneinkaufspreis		525,00
./.	Liefererrabatt	./.	(15 %) 78,75
=	Zieleinkaufspreis	=	446,25
./.	Liefererskonto	./.	0,00
=	Bareinkaufspreis	=	446,25
+	Bezugskosten	+	0,00
=	Bezugspreis	=	446,25
+	Handlungskostenzuschlag	+	(25 %) 111,56
=	Selbstkostenpreis	=	557,81
+	Gewinnzuschlag	+	(15 %) 83,67
=	Barverkaufspreis	=	641,48
+	Kundenskonto	+	(2 %; gerundet) 12,83
=	Zielverkaufspreis	=	654,31
+	Kundenrabatt	+	(10 %) 65,43
=	Nettoverkaufspreis	=	719,74

In der Praxis würde der Nettoverkaufspreis sicherlich auf die leichter zu rechnende Summe von 719,75 Euro aufgerundet werden.

4. und 7. Arbeitsschritt

Jeweils zwei Tandems setzen sich zusammen, um die Berechnungsschemata miteinander zu vergleichen. Relevant ist, dass die Lernenden darauf achten, nicht nur den Rechenweg zu vergleichen, sondern sich auch gegenseitig bei Verständnisproblemen helfen. Hilfreich ist es insbesondere, wenn sie sich verdeutlichen, welche Inhalte bzw. welche Bedeutung hinter den verwendeten Begriffen stehen. Am Ende der Diskussion muss eine einheitliche Vorgehensweise gefunden sein.

Die Lernenden übertragen das allgemeine Berechnungsschema in Excel und berechnen unter Verwendung geeigneter Formeln den Nettoverkaufspreis. Zur Ergänzung der Tabelle verwenden sie die angegebenen Daten. Gemeinsam vergleichen die Lernenden ihre Berechnungen mithilfe der Formeln und unterstützen sich bei auftretenden Schwierigkeiten, nehmen gegebenenfalls notwendige Korrekturen vor und halten ihr Endergebnis schriftlich fest. Die gemeinsame Lösung wird dem Plenum präsentiert, worauf sich beide vorbereiten.

8. bis 12. Arbeitsschritt

Im Plenum wird sowohl das allgemeine Berechnungsschema als auch die Ermittlung des Nettoverkaufspreises der Aktenvernichter vorgestellt. Rückfragen werden, eventuell gemeinsam, beantwortet. Notwendige Korrekturen werden schriftlich festgehalten. Am Ende einigt sich das Plenum auf ein allgemeingültiges Berechnungsschema, welches exemplarisch auf die Aktenvernichter angewendet wird. Das erarbeitete Plenumsergebnis hält jeder Lernende in seinen Unterlagen fest und bringt zum Abschluss sein gesamtes Glossar in eine optisch ansprechende Form, sodass es jederzeit als kleines Nachschlagewerk zur Verfügung steht.

H12

	A	D	E	F
3	Anbieter		Büroshop	
4				
5	Abnahmemenge			
6	Listeneinkaufspreis		525	
7	-Lieferrabatt	0,15	=E6*D7	
8	= Zieleinkaufspreis		=E6-E7	
9	- Liefererskonto	0	=E8*D9	
10	=Bareinkaufspreis		=E8-E9	
11	+Bezugskosten		0	
12	=Bezugspreis		=E10+E11	
13	+ Handlungskostenzuschlag	0,25	=E12*D13	
14	=Selbstkostenpreis		=E12+E13	
15	+ Gewinnzuschlag	0,15	=E14*D15	
16	=Barverkaufspreis		=E14+E15	
17	+ Kundenskonto	0,02	=E16/(1-D17)*D17	
18	=Zielverkaufspreis		=E16+E17	
19	+ Kundenrabatt	0,1	=E18/(1-D19)*D19	
20	=Nettoverkaufspreis		=E18+E19	
21				

H12

	A	D	E	F
3	Anbieter		Büroshop	
4				
5	Abnahmemenge			
6	Listeneinkaufspreis		525,00 €	
7	-Lieferrabatt	15%	78,75 €	
8	= Zieleinkaufspreis		446,25 €	
9	- Liefererskonto	0%	- €	
10	=Bareinkaufspreis		446,25 €	
11	+Bezugskosten		- €	
12	=Bezugspreis		446,25 €	
13	+ Handlungskostenzuschlag	25%	111,56 €	
14	=Selbstkostenpreis		557,81 €	
15	+ Gewinnzuschlag	15%	83,67 €	
16	=Barverkaufspreis		641,48 €	
17	+ Kundenskonto	2%	13,09 €	
18	=Zielverkaufspreis		654,58 €	
19	+ Kundenrabatt	10%	72,73 €	
20	=Nettoverkaufspreis		727,31 €	
21				

L5

5.3 Lernaufgabe – Reflexion des Lernzuwachses

Die Preiskalkulation ist für ein Unternehmen ein wesentliches Element, um konkurrenzfähig am Markt zu überleben. Dabei gilt es, den Preis zu errechnen, den Kunden bereit sind zu zahlen, der aber gleichzeitig eine möglichst attraktive Gewinnspanne erzielt. Im alltäglichen Leben liegt die Frage nahe, aus welchen Gründen manche T-Shirts aus Baumwolle ca. 5,00 € kosten und andere nahezu 100,00 €. Alle zu beachtenden Faktoren, die bei der Preisberechnung eine Rolle spielen, wie unter anderem Umweltaspekte, unternehmensinterne Richtlinien usw., können nicht vollständig beantwortet werden, aber die Lernenden erhalten einen Einblick in diese komplexe Thematik. Um die erlernten Inhalte zu vertiefen und evtl. schriftlich festzuhalten, eignet sich die abschließende Leitfrage:

Welche Faktoren muss ein Unternehmen zwischen dem zu zahlenden Preis und seinem Verkaufspreis berücksichtigen?